Telos

Tome II

*Messages pour l'épanouissement
d'une humanité en transformation*

par

Aurelia Louise Jones

Telos, tome II

© *2003 pour l'édition française*
Ariane Éditions inc.
1209, av. Bernard O., bureau 110, Outremont, Qc,
Canada H2V 1V7
Téléphone : (514) 276-2949, télécopieur : (514) 276-4121
Courrier électronique : info@ariane.qc.ca
Site Internet : www.ariane.qc.ca

Traduction : Marie-Blanche
Révision linguistique : Monique Riendeau
Révision : Martine Vallée
Graphisme : Carl Lemyre
Photo page couverture : Jane English

Première impression : août 2003

ISBN : 2-920987-76-3
Dépôt légal : 3ᵉ trimestre
Bibliothèque nationale du Québec
Bibliothèque nationale du Canada
Bibliothèque nationale de Paris

Diffusion
Québec : ADA Diffusion – (450) 929-0296
www.ada-inc.com
France : D.G. Diffusion – 05.61.000.999
www.dgdiffusion.com
Belgique : Vander – 2.732.35.32
Suisse : Transat – 23.42.77.40

Imprimé au Canada

*Jamais auparavant le voile qui sépare
notre monde du vôtre ne s'était atténué ainsi.*

*Et jamais auparavant l'amour que nous partageons et
celui que nous recevons du divin n'avaient été aussi immenses.*

Table des matières

Partie 1

Partie 2

Dédicace

J'aimerais dédier cet ouvrage à la résurgence de la conscience lémurienne sur cette planète, conscience engendrée directement par l'amour source il y a plusieurs éons. Cette intelligence de la cinquième dimension, apportée par les membres de la race lémurienne, a imprégné la Terre d'une exquise félicité faisant de celle-ci un paradis pendant des millions d'années, jusqu'à ce que l'humanité choisisse de se dissocier de l'amour de sa source primordiale.

À ceux d'entre vous qui sont désormais disposés à ouvrir leur cœur et leur âme au retour de cet amour et de cet éden, la conscience et les enseignements lémuriens offrent les clés et le soutien nécessaire qui permettront de réaliser ce retour sur les plans personnel et planétaire.

J'aimerais aussi dédier ce livre à la grande déesse lémurienne, à mes chers Adama et Ahnahmar, de même qu'au Haut Concile supérieur de Telos qui m'a accordé tant d'amour et de soutien au cours des âges, et à tous ceux qui ont été mes compagnons et amis éternels durant ce long périple d'évolution terrestre.

Remerciements

Je souhaite exprimer ma gratitude à mon amie Beth Iris pour ses encouragements et son aide tout au long de la rédaction de cet ouvrage, ainsi qu'à Christina, Valerie et Jessica pour leur soutien au fil des troubles de santé qui m'ont affligée pendant cette année d'intenses initiations, sans oublier Martine Vallée, des Éditions Ariane, pour son infinie patience au cours de la réalisation de cet ouvrage. Je la remercie pour son amour et sa dévotion à son travail. Sa contribution est significative pour la population francophone.

Avec un amour et une gratitude sincères, je vous remercie tous du plus profond de mon être. Ensemble, un par un, un pas et une action bienveillante à la fois, nous instaurons les fondations qui nous assureront de recréer le monde auquel nous aspirions depuis si longtemps et de retrouver notre famille lémurienne.

Aurelia Louise Jones

Préface

Celestia (sœur d'Adama)

Toute notre admiration et notre gratitude vont à Aurelia Louise pour un autre de ses ouvrages inestimables sur notre histoire, notre énergie et la mission de la Lémurie. Aurelia fut dépositaire de ces énergies au fil d'un nombre incommensurable d'existences ; son dévouement et son engagement quant à la famille lémurienne sont sans égal dans notre monde terrestre. Aujourd'hui, partout sur terre, elle est un émissaire mû par un désir ardent de partager avec tous les peuples l'amour et la pureté de la colonne d'amour lémurienne, du cœur lémurien. Et c'est par son cœur que nous tentons de toucher le vôtre.

Dans l'esprit de l'amour et de la communion qui ne connaissent aucune limite, je vous invite aujourd'hui à vous joindre à nous en parcourant nos mots et à vous connecter aux paroles invisibles inscrites entre les lignes qui vous parleront individuellement et s'adresseront à votre cœur. Par les paroles de cet ouvrage émane une transmission d'éveil sacrée. Jamais, auparavant, cette planète n'avait connu une telle époque gorgée d'occasions magiques vous attendant, ainsi que nous tous à Telos et dans d'autres cités lémuriennes. Le moment est venu de vous rappeler qui vous êtes et, pour nous, de célébrer et de rendre grâce avec vous pour ces retrouvailles tant attendues ; nous voilà désormais au seuil de ces retrouvailles.

Nous nous offrons comme mentors et guides durant cet éveil. Nous tous, qui nous adressons à vous depuis les pages de ce livre et qui vous rendons visite dans vos rêves, vos méditations et votre état de veille, sommes membres d'une vaste famille qui vous chérit tendrement. Sachez que nous vous appuyons, peu importe la forme que prendra votre voyage.

Chaque étape de votre éveil recèle potentiellement une joie et une compréhension jamais obtenues au fil de votre évolution. Une porte s'ouvre sur votre maîtrise et un siège vous attend assurément à ce concile d'énergies qui augmentent perpétuellement et dirigent la Terre au fil de son éveil.

Dans cette amitié qui lie Adama et Aurelia Louise transparaissent nos cœurs, et leur amour s'exprime dans les deux dimensions, veillant sur vous au fil du chemin. La sagesse d'Adama, d'Ahnahmar, de Celestia, d'Angelina, des anciens de Telos ou d'autres royaumes est porteuse de nos réminiscences et de nos enseignements. Et le rire des enfants vous apporte notre joie et la vision de ce que la vie à la surface pourrait être au travers des modèles et de nos expériences ici, à l'intérieur de la Terre. Nous vous transmettons de grandes bénédictions depuis le centre même de notre âme et du cœur de notre Lémurie bien-aimée.

Dans chaque incarnation, que ce soit en Lémurie, à l'intérieur de la Terre ou à sa surface, vous aviez une mission prédéterminée : *celle de vous consacrer au service du Tout.* Et cette existence présente vous offre la plus importante mission d'entre toutes, le plus sublime des voyages. Jamais auparavant le bien engendré n'avait surpassé ainsi les attentes de ceux qui se sont rassemblés ici. Jamais auparavant le spectre des dimensions n'avait amalgamé et produit les couleurs que nous percevons aujourd'hui. Jamais auparavant le voile qui sépare notre monde du vôtre ne s'était atténué ainsi. Et jamais auparavant l'amour que nous partageons et celui que nous recevons du divin n'avaient été aussi immenses.

Nous vous gardons bien en nos cœurs et nous joignons à vous désormais dans le jeu de la création absolue à l'aube d'un monde nouveau !

Celestia

Introduction et mot de bienvenue
d'Adama

Salutations, amis bien-aimés

C'est avec un amour chaleureux et une amitié impérissable que je salue tous les lecteurs de ce deuxième ouvrage. En Lémurie et à Telos, nous sommes enchantés de la réaction extraordinaire et de l'ouverture du cœur que la publication du premier volume a suscitées. En tant que patriarche de la grande famille lémurienne, je vous invite tous à laisser la Déesse lémurienne – cœur d'amour et de compassion – vous enlacer de son étreinte.

À Telos, nous savions clairement qu'en raison de son héritage séculaire, la population francophone de cette planète se montrerait très réceptive à nos enseignements. Néanmoins, la réaction générale du public d'un peu partout a largement dépassé nos attentes. Toutes nos félicitations ! Grâce à votre amour et à votre réceptivité, vous avez ensemble tissé un tableau qui s'épanouira sans cesse et auquel vous contribuerez grandement dans les années à venir. Je souhaite également exprimer notre plus sincère gratitude à l'égard de Martine Vallée et Marc Vallée des Éditions Ariane, pour leur affection, leur dévouement à leur travail et leur magnifique contribution à la mission lémurienne et à l'émergence imminente de cette race.

Un nombre important d'entre vous ont laissé jaillir en leur âme les souvenirs de leur antique héritage et sont ainsi devenus les instruments d'une élévation de la conscience sur terre pavant la voie à notre émergence parmi vous.

D'aucuns expriment leur chagrin ou parfois même leur impatience en ce qui a trait au moment précis de notre apparition parmi vous. Nous avons constaté avec quelle ardeur vous souhaitez ces retrouvailles tant attendues. Sachez que nous comprenons tout à fait ce que vous éprouvez. C'est avec un flot de larmes que plusieurs ont parcouru le premier tome, favorisant ainsi leur ouverture. Sachez que, lorsque vous versiez ces pleurs, nous vous entourions de notre amour et vous soutenions de notre affection. À maintes reprises, nous avons pleuré avec vous – des larmes de joie toutefois à l'idée de nos retrouvailles. Et aujourd'hui, nous vous enjoignons de vous réjouir. L'instant dont vous rêvez approche à grands pas, plus rapidement que vous ne le croyez. En réalité, notre émergence a déjà commencé puisque des citoyens de Telos ou d'autres cités lémuriennes vivent sur le plan physique parmi vous et préparent la venue du reste de notre population.

En raison des tumultes et de la violence extrême qui sévissent, notre équipe de surface n'a pas encore l'autorisation de se révéler à vous. Toutefois, plusieurs d'entre vous l'ont déjà rencontrée sous le couvert de l'incognito. Je tiens à vous faire savoir qu'un bon nombre de ces être se sont installés en certaines régions, notamment en France et au Québec ; ils effectuent un travail prodigieux et cherchent à embellir votre avenir. Sous peu, notre lumière éblouissante percera le voile et sa sagesse sera visible et appréciable par tous. Même notre *channel*, Aurelia, sait qu'elle a reçu, il y a quelques mois, la visite d'une ou deux personnes appartenant à cette équipe de surface et que d'autres ont assisté, physiquement mais clandestinement, à quelques-uns de ses séminaires. Ne vous découragez pas, nous voilà ! L'attente si longue parvient à son terme, elle en est à son dernier stade.

Pendant que nous y sommes, j'aimerais clarifier quelques malentendus au sujet de notre émergence. Plusieurs s'attendent à ce que nous fassions irruption tous ensemble, un jour, pour nous installer parmi vous. Hum ! Voilà qui serait délicat et moins productif que vous le croyez. Bien qu'un tel scénario risque de se produire dans quelques cas, ce sera plutôt rare.

Notre apparition se fera progressivement, en rapport avec l'altération vibratoire qui surviendra à la surface et dans l'environnement. Nous poursuivrons notre migration par vagues sporadiques de groupes minuscules, à mesure que la vibration de l'humanité et de la Terre s'élèvera. Les plus jeunes dans nos rangs, n'ayant pas moins de trois cents ans de sagesse, seront à l'avant-garde. Nous, les aînés de Telos, viendrons ultérieurement. Les débuts de notre émergence relèvent encore du plus grand secret ; ils le resteront pendant encore trois à cinq ans de plus. D'ici à l'an prochain, vers le milieu de 2004, quelques-uns de nos citoyens auront l'autorisation d'entrer en contact avec certains d'entre vous ; ils tiendront alors de petites réunions clandestines et auront la permission expresse de se révéler à eux. Le critère déterminant, à savoir qui seront les premiers à être contactés, demeure le même que celui que l'on a décrit dans le tome 1, mais on tiendra aussi compte du plan, de la mission divine de chaque personne approchée. À leur tour, celles-ci devront taire leurs expériences jusqu'à ce que la permission de les divulguer leur soit accordée.

Nous entrerons d'abord en contact avec ceux qui ont consacré leur vie au service de l'humanité, puis avec ceux qui ont accordé leur temps et leurs ressources financières à la mise en œuvre et au succès de notre émergence, peu importe comment, avec l'attitude et la résonance justes. Au début, cela aura lieu « sur invitation exclusive », selon la qualité de l'ouverture du cœur et de la fréquence d'amour/lumière qu'entretiennent au quotidien les candidats à ce premier rendez-vous. Par la suite, le cercle des élus s'agrandira jusqu'à ce que la majeure partie de la population soit en mesure de nous voir et d'échanger avec nous. À tout instant, seuls les humains qui sont en résonance avec la conscience lémurienne seront invités à communiquer avec nous.

Entre-temps, mes amis, continuez à vous ouvrir, à ouvrir votre cœur à l'amour et à la compassion. Examinez les éléments d'information que nous vous avons présentés ; ils recèlent une grande sagesse, quelques clés qui favoriseront votre épanouissement spirituel. Découvrez les zones du jardin de votre conscience qui exigent d'être nettoyées et celles qui ont besoin d'être fertilisées.

Même si vous ne parcourez ces lignes qu'une seule fois, pour vous renseigner, vous augmenterez votre bagage de connaissances. Cependant, cette approche ne servira pas vraiment à vous préparer à l'ascension vers une conscience supérieure. Si vous décidez de faire l'étude de ce savoir avec une ouverture du cœur et de l'esprit, et dans l'intention spécifique d'y découvrir des perles affinant et haussant les vibrations de votre âme, et que par la suite vous appliquez cette sagesse à votre quotidien, alors une rapide métamorphose en votre être viendra couronner vos efforts. À notre avis, l'essentiel de ce livre se résume non pas à de l'information, mais bien plutôt à la manière d'appliquer les clés secrètes et celles plus évidentes qui serviront à l'ultime transformation vous menant à votre destinée, parmi les rangs des immortels.

Je suis Adama, ami et père éternel.

Partie 1

Adama

CHAPITRE 1

Inventer un rêve tout neuf pour la Terre

Adama

Salutations chaleureuses. Je suis heureux de vous retrouver. Le thème abordé m'est particulièrement cher. À l'intention de nos lecteurs, j'aimerais souligner, notamment pour les artisans de la lumière qui souhaitent transcender la lourdeur des circonstances de vie actuelles sur terre et passer à un mode de vie éclairé et extatique, qu'il est temps de vous mettre tous à élaborer, très consciemment en votre cœur et en votre âme, la vision de ce monde nouveau où vous souhaitez vivre. Le moment est venu de renoncer aux vieux paradigmes qui vous enchaînent depuis si longtemps.

Vous avez déjà entendu le vieil adage : « Sans vision, les gens périssent. » Ce dicton est désormais tout à fait pertinent, au carrefour où se tiennent maintenant la planète et la race humaine. À Telos et dans les cités souterraines, nous avons préservé cette image d'un monde nouveau en votre nom depuis fort longtemps. Toutefois, comprenez que nous ne pouvons pas tout faire à votre place. La loi divine exige que les êtres de la surface apportent leur contribution. Il est temps de rêver ce monde très consciemment et chaque jour, dans vos espérances, vos pensées, vos sentiments et vos méditations.

À la fin du XIXe siècle, avec une ferme résolution et un dévouement fervent, le maître Saint-Germain a adressé une requête à la divinité et à la Fédération galactique de lumière pour qu'une importante exemption soit accordée afin que la « Flamme de liberté » brille encore une fois sur terre. Après maintes délibérations et plusieurs assemblées avec le concile de la divinité, celui de la Fédération galactique, de votre système solaire et plusieurs autres conciles planétaires, la permission fut finalement accordée. Ce frère bien-aimé s'est assuré d'obtenir la dérogation au nom de la race humaine pour que brille de nouveau la « Flamme de liberté ». La liberté est l'un des nombreux attributs du service à la vie de la Flamme violette de transmutation.

Jusqu'à ce moment-là, chers amis, la flamme deliberté ainsi que le savoir et la sagesse qui lui sont associés avaient disparu et étaient inaccessibles aux peuples de la surface. Voilà pourquoi vous avez été asservis et accablés de contraintes depuis si longtemps. La disparition de cette flamme fut l'une des causes premières de la souffrance de l'humanité. En raison du karma collectif, elle fut abolie de la surface au moment de l'engloutissement de l'Atlantide. En votre cœur, je vous prie de ressentir l'amour que Saint-Germain éprouve à l'égard de l'humanité et d'être reconnaissants de son inlassable prestation. Sans le retour de cette flamme, l'humanité ne pourrait jamais s'affranchir des circonstances déplorables de l'heure. En vue de s'assurer de cette exemption au nom de la race humaine, Saint-Germain a dû déposer sa réalisation et les perles de sa gloire sur la couronne de la divinité en guise de caution, au cas où l'humanité ferait encore mauvais usage de cette flamme. Il vous aimait tous tant qu'il n'a pas hésité à courir ce risque.

Jouez votre rôle en imaginant activement un rêve tout neuf pour la planète – dans quel type de société souhaitez-vous vivre ? Maintenant que resplendit le flambeau de la liberté, il vous revient d'inventer le monde que vous voulez habiter. Commencez à rêver des visions du ciel sur terre, de la manière dont vous aimeriez que cela se manifeste. Soyez spécifiques et n'hésitez pas à en imaginer tous les détails merveilleux. Vous êtes des dieux cocréateurs et l'on exige de vous tous que vous formuliez avec précision cette représentation du ciel. La planète passe désormais à une dimension toute nouvelle, un monde inconnu se façonne, à votre guise ; cependant, il n'est pas encore totalement structuré ni complètement défini. Il n'en tient qu'à vous d'en fignoler les moindres détails.

Les visions de chacun diffèrent légèrement. En vous mettant à concevoir ces rêves, les énergies s'entremêleront pour tisser une réalité merveilleuse sur terre, si ce que vous créez émane de l'unicité et de l'union avec la Source JE SUIS de votre être. Il est indispensable que vous ne laissiez pas cette tâche entre les mains des êtres des royaumes de lumière et celles des Télosiens. Nous avons déjà inventé notre monde paradisiaque, et nous l'habitons. C'est à votre tour de façonner l'univers de vos rêves. Vous le désirez tous depuis si longtemps. Votre participation, en tant que cocréateurs, est indispensable. Si vous ne le faites pas, vous ne serez jamais considérés comme des maîtres et vous aurez encore à souffrir de limitations.

Nous vous demandons de passer un peu de temps chaque jour à définir, dans vos méditations et vos écrits, votre représentation du ciel ici-bas. Qu'est-ce que cela signifie pour vous ? Mettez-vous à l'évoquer. Rêvasser n'est pas une perte de temps. Rêvez de cette Terre inédite le soir, en vous endormant, et aussi à l'état de veille. Nous vous y incitons.

Plus vous y ajoutez de détails, sans toutefois être rigides, plus vous parviendrez à concrétiser ce monde où vous souhaitez vivre. Utilisez votre imagination pour alimenter cette vision. Cette faculté vous relie à tous les royaumes de la création. La réalité est fluide. Vous pouvez jouer avec elle et être aussi créatifs que vous le désirez. Plus vous donnez de réalité à votre représentation, plus vous y investissez vos énergies et vous vous reliez à ceux qui font la même chose, plus tôt cette vision du ciel sur terre s'ancrera sur la planète et se manifestera.

Vous êtes trop nombreux à vous montrer complaisants. Certains croient et d'autres espèrent, que les frères stellaires et les populations de Telos viendront à leur aide et feront l'opération magique à leur place. S'ils le faisaient, qu'apprendriez-vous ? Soyez persuadés que tel ne sera pas le cas. Nous venons tous « à votre aide », naturellement, mais si chacun de vous n'apporte pas sa contribution et ne développe pas sa conscience jusqu'à atteindre une plus grande maîtrise, nous n'aurons d'autre choix que de demeurer dans l'invisible.

Le ciel sur terre est essentiellement une réalité de la cinquième dimension. Dans la quatrième, la vie est beaucoup mieux que dans la troisième, mais ce n'est toujours pas le ciel sur terre. Nous vous suggérons de commencer par ce que vous concevez être la cinquième dimension, même si vous ne savez pas tout à fait de quoi celle-ci est fabriquée. Faites de votre mieux et, bientôt, vous en découvrirez davantage. Si vous consentez au processus, le rêve conscient conduira à une progression des pensées, à une évolution qui vous mènera à cette dimension. Néanmoins, le plus important consiste à vous attacher à ce travail de création. La Terre-Mère a tissé son rêve, et aujourd'hui elle vous prie de rêver avec elle, d'imaginer les changements que l'humanité a tant souhaités et sollicités.

Quelle sorte d'existence souhaitez-vous mener ? À quel genre de gouvernement aspirez-vous ? Quelle apparence aimeriez-vous avoir ? Quel type de rapports désirez-vous entretenir ? Voulez-vous encore utiliser l'argent ou préférez-vous recourir à un système de troc plus évolué ? Ou pouvez-vous même imaginer un système d'échange qui n'a jamais été envisagé auparavant ? Comment voyez-vous les rapports humains de l'avenir ? À quoi ressemblera Gaia ? Quel serait le climat idéal ? De quoi auraient l'air les animaux ? La création de cette vision peut aller ainsi à l'infini. Vous pouvez vous amuser follement à être les auteurs de votre cinéma mental.

Votre imaginaire est un vaste réservoir de souvenirs glanés un peu partout, là où vous êtes allés entre chaque incarnation. Rien de ce que vous pourriez imaginer comme vision nouvelle n'est une illusion ou une simple chimère. Il s'agira, la plupart du temps, de réminiscences d'expériences passées conservées plus ou moins dans l'ordre. Démêlez-les et façonnez-en cette réalité inédite. Commencez à l'habiter dès maintenant en y ajoutant l'émotion. Ressentez son aspect tangible, et elle le deviendra.

Certains se demandent quel type de gouvernement les Télosiens envisagent pour cette planète. La Terre s'éveille. Aujourd'hui, ses habitants prennent conscience de la situation et acceptent de moins en moins les manipulations et l'hypocrisie des gouvernements actuels. En leur for intérieur, ils désirent une administration qui opère avec dignité et intégrité. Ils aspirent à un gouvernement qui représente vraiment « le peuple », œuvrant pour le bien de la collectivité et non en vertu d'objectifs personnels.

Pendant l'intérim, tout en inventant des rêves d'un gouvernement éclairé et spirituel régi par la conscience d'un maître ascensionné, vous attirerez peu à peu des êtres éveillés qui occuperont des postes importants. Par la suite, de plus en plus d'êtres avisés se feront élire, car les artisans de la lumière se présenteront pour participer à ce gouvernement intérimaire. Vos structures politiques ne se transformeront pas instantanément, mais les dirigeants actuels changeront. Certains membres de la présente administration sont intègres et possèdent le savoir-faire susceptible d'instaurer des changements positifs ; ils n'ont toutefois pas le pouvoir de mettre ceux-ci en vigueur. Ils ont dû voiler momentanément leur lumière, jusqu'à ce que leurs idées soient mieux acceptées par l'ensemble de la population et qu'ils puissent mettre en œuvre leurs objectifs bénéfiques. Quand les gouvernements auront, globalement, plus d'intégrité, ces êtres éclairés se révéleront davantage et finiront par réussir.

Partout sur cette planète, au cours des années à venir, l'impôt et le partage des richesses connaîtront d'importants changements. Peu à peu, les structures évolueront jusqu'à ce que vous atteigniez la quatrième dimension, lorsque les gens sauront parfaitement qu'un gouvernement divin agit pour le bien et la prospérité de tous, sans impôt ni oppression. Les peuples revendiqueront cela et l'obtiendront. À mesure que des modifications continueront de survenir pour conduire à la cinquième dimension, des êtres pleinement illuminés prendront leur place au sein des nouvelles structures politiques mises alors en place dans le but d'administrer la planète en accord avec les lois divines.

Quand ces lois sont appliquées correctement, il est facile de préserver l'harmonie au sein des affaires gouvernementales et d'offrir à tous les citoyens d'une civilisation planétaire la santé, la prospérité, l'instruction, le bonheur et du travail. Il s'agit simplement de comprendre les applications de l'amour et de la fraternité véritable dans l'administration planétaire. Depuis des millénaires, vos dirigeants, antérieurs et contemporains, n'ont pas voulu prendre en compte ces possibilités plus altruistes. Cela n'aurait pas servi leurs visées de contrôle et de manipulation. Mais, bien-aimés, leurs jours au pouvoir sont comptés ; dès lors, quelques-uns parmi vous auront l'occasion d'occuper leurs postes et de se charger de l'autorité. Vous aurez bientôt la chance de reprendre en main la gérance de votre monde. Qu'en ferez-vous ? Réussirez-vous mieux que ceux qui sont actuellement aux gouvernes ?

Il ne sera pas nécessaire que chacun s'implique dans les affaires gouvernementales ou le système politique. Plusieurs artisans de la lumière seront cependant bientôt appelés à participer activement. Nombre d'êtres hautement éduqués et évolués se sont incarnés en cette époque afin de jouer un rôle dans ce scénario, et à mesure qu'ils s'éveilleront, ils prendront leur place dans la présente structure. En revanche, chacun devra contribuer d'une manière ou d'une autre à la création de cette vision. Il y aura encore des élections, et des individus plus éclairés se présenteront comme candidats aux postes gouvernementaux. Le peuple, en s'éveillant, se sentira incité à soutenir ces hommes et ces femmes. On admettra davantage qu'il revient à chaque individu d'apporter des changements positifs. Ainsi, vous en porterez tous la vision et commencerez le processus de création d'un monde tout neuf.

Ce processus comporte en soi une part d'intervention providentielle. Beaucoup de travail s'accomplit partout afin de construire une matrice de paix. Telos et les civilisations à l'intérieur de la Terre se sont engagés à s'unir en un solide tissu de conscience évoluée afin de faire rayonner la lumière de paix sur la planète d'une manière plus constante qu'avant. Selon la loi divine cependant, nous devons obtenir la collaboration de l'humanité, des êtres qui sont en incarnation à l'heure actuelle.

Nous avons entamé la création d'une matrice de paix en faisant appel au principe des *city foursquare** et avons étendu ces énergies à ceux d'entre vous que nous estimons être capables de les préserver. Ensemble, nous pouvons susciter un effet domino en interagissant avec quatre personnes qui serviront de piliers pour cette vibration, puis quatre autres, et ainsi de suite, jusqu'à ce que toute la planète soit touchée. Nous avons l'intention d'instaurer un schéma de paix dans la région du mont Shasta. D'autres êtres ascensionnés œuvrent également avec divers groupes, dans plusieurs régions. Pour finir, tout se reliera en une grande toile de lumière.

Les enfants de la présente génération peuvent jouer un rôle majeur dans le processus ; ils sont tellement brillants ! Toutefois, le système éducatif devra évoluer afin de s'adapter à leurs idées, à leurs rêves et à leurs besoins individuels car ils représentent les citoyens incarnés de l'avenir de cette planète. Le présent système d'éducation n'est pas éclairé, c'est le moins qu'on puisse dire. Il entrave l'évolution spirituelle de la jeunesse. Au cours des années passées, des fonds ont été attribués afin de soutenir et d'alimenter la créativité de ces petites personnes à mesure qu'elles grandissaient et exploraient leur monde environnant. L'art et la musique représentaient des composantes importantes du programme. Après l'école, on leur offrait des activités parascolaires les amenant à participer à la communauté. Aujourd'hui, l'argent consacré à l'éducation semble employé au seul enseignement de base dont les jeunes ont besoin pour s'intégrer à une main-d'œuvre tridimensionnelle au sein d'une société mercantile.

---

* Dans le contexte, principe selon lequel une base solide est créée avec la participation de quatre personnes – à quatre coins différents – , chacune représentant un des quatre principaux corps énergétiques. (NDE)

Ces enfants uniques qui recèlent en leur cœur la vibration de paix, d'amour et de connaissance ont besoin de savoir qu'on les respecte. Les parents et les adultes de leur entourage doivent s'éveiller afin de les soutenir. Ces petits qui s'incarnent aujourd'hui sur la planète portent en eux la semence de cette vision nouvelle. Leurs histoires, leurs rêves, leur art, leurs jeux émanent d'une imagination fertile, de souvenirs dynamiques qui forment la palette de la vision que vous souhaitez concrétiser. Ils sont vos maîtres et sont activement reliés aux souvenirs que vous cherchez à réanimer et aux énergies que vous désirez réactiver.

Tous veulent être entendus, et ils y ont droit. Si certains d'entre vous qui parcourent ces lignes en ressentent le besoin, il serait merveilleux de former des groupes, à l'extérieur du système scolaire s'il le faut, afin de leur apporter un soutien. Incitez-les à écrire, à participer à des activités artistiques qui exprimeront leur vision du ciel sur terre et à formuler leurs idées sur ce que nous pouvons tous devenir en tant que citoyens éclairés de ce monde. Au fil du temps, ce modèle pourra être appliqué afin de restructurer les programmes scolaires. Il est capital que les jeunes sachent qu'ils font partie de cette société et de la vision nouvelle, que leur contribution est importante. Ils détiennent un message formidable pour aujourd'hui, car ce sont eux les dirigeants de demain.

Rêvez vos rêves et moi, Adama, je rêverai avec vous.

CHAPITRE 2

La dernière guerre sur cette planète
Une bougie d'espoir
Adama, février 2003

Salutations, chers amis. Je suis très heureux de me joindre à vous de nouveau.

Ce soir, je souhaite éveiller en vos cœurs une « bougie d'espoir » ; je compte vous offrir un point de vue plus vaste sur une guerre très probablement sur le point d'être déclarée sur votre Terre. Nombreux sont ceux parmi vous qui sont bouleversés et terrifiés par ces événements susceptibles d'entraîner de cruelles injustices et une violence extrême contre les êtres humains et des millions d'Iraquiens innocents et sans défense. Vous vous demandez pourquoi un amour puissant, les prières, les méditations et les manifestations pour la paix auxquels ont participé des millions de personnes n'ont pas réussi à l'empêcher, pas plus que les efforts de gens courageux qui ont tout donné afin d'assurer la paix pour le Terre et ses enfants.

En tant que collectivité, vous avez réagi adéquatement. Vous avez fait tout ce que vous avez pu et votre Créateur a entendu vos prières, vos appels à l'aide et votre désir de vivre dans un monde en paix. Jamais, au cours de l'histoire de cette Terre, la race humaine ne s'était unie sous la bannière de l'amour pour réclamer la paix. L'ensemble des cieux a observé, admiratif, vos efforts et les a multipliés sur le plan énergétique. Par l'amour et la solidarité dont vous avez fait preuve, vous avez attiré l'attention de millions de vos frères stellaires depuis des univers et des galaxies sans fin ; ils sont venus vous observer et se joindre à vous sur le plan éthérique dans vos efforts pour apporter la paix à cette planète. Saviez-vous que plusieurs millions d'entre eux ont décidé de demeurer avec vous et sont, en ce moment même, parmi vous sur le plan énergétique afin de vous apporter l'amour et le soutien requis à cette heure ? Ici, à Telos, se déroulent des veillées de prière ininterrompues à vos côtés et nous nous sommes préparés à seconder votre passage en toute sécurité à l'étape subséquente de votre processus évolutif ; cela apaisera une bonne partie de vos souffrances, de vos difficultés et de vos angoisses.

Sachez qu'il existe un minuscule groupe de gens qui croient « posséder cette planète » ; ces personnes estiment, dans leur arrogance, pouvoir en faire à leur guise et être libres d'écraser n'importe qui, peu importe les conséquences et les souffrances infligées à l'humanité et à la Terre, tout ça en vue de préserver leur hégémonie. Ces êtres manipulent les situations afin de vous garder en état de servitude, voire d'esclavage s'ils le pouvaient. Ils cherchent aussi à préserver leur mainmise sur 95 % des richesses de cette planète, alors que le reste de l'humanité doit se contenter de partager un maigre 5 %. Ces gens, chers amis, agissent par intérêt personnel et souhaitent cette guerre plus que tout.

Toutefois, ils savent tous que votre Créateur a repris cette planète en son giron. En effet, vous êtes désormais sous la juridiction du Grand Soleil central. Et comprenez que, dans leur désespoir, ils sont persuadés de la possibilité de pouvoir réussir à reprendre la suprématie mondiale dans une ultime tentative. Ils sont prêts à « tout » risquer pour remettre à plus tard le moment où ils auront à rendre des comptes. Sans aucune preuve des crimes dont ils accusent les autres, sans l'assentiment du reste du monde, ils projettent de mettre leurs plans à exécution. Soyez assurés, amis précieux, que l'époque de leur brutale suprématie patriarcale s'achèvera sous peu. Bientôt, ils auront à rendre des comptes pour tous les crimes perpétrés contre l'humanité au fil d'éons. Sachez également qu'ils sont en proie à des angoisses encore plus terribles que les vôtres. Voilà ce qui explique qu'ils soient résolus à jouer leur dernière carte. Car c'est effectivement leur dernière. Et pour vous tous, cette guerre précipitera un nouveau développement, une situation plus stable.

Comme les lois divines exigent la non-ingérence dans le libre arbitre, la hiérarchie spirituelle n'interviendra pas dans le cours des événements mais, sans aucun doute, au bon moment, il y aura une intervention providentielle. Attendez-vous à de fabuleux prodiges, et ce, un peu partout. Tout est prêt pour une opposition miraculeuse à leur action de la part des royaumes de lumière. Au stade actuel, les préparatifs de guerre sont à ce point avancés qu'ils sont presque impossibles à contrecarrer. Cette nation, sous les ordres du gouvernement du monde obscur, s'est engagée dans les chemins de la guerre au point qu'il est impensable pour ses auteurs de rebrousser chemin, en dépit des objections du reste du monde entier. C'est la nature de l'obscurité ; il s'agit de tenir tête, d'avoir raison, de l'emporter. Très bientôt, chers amis, vos dirigeants politiques verront leurs pouvoirs, leur tyrannie, décliner sérieusement ; ils savent bien que votre Père céleste aura le dernier mot.

À l'époque de la Lémurie, nous avons connu des événements semblables : d'interminables conflits avec l'Atlantide, conflits qui faisaient fi de la possibilité d'anéantir ainsi nos deux continents. La suite est bien connue ; vous savez tous ce qui s'est passé. Il n'y a pas eu de vainqueurs. Ces hostilités affaiblirent les deux continents jusqu'à ce qu'ils soient complètement détruits 15 000 ans plus tard. Sachez également que plusieurs des âmes qui ont suscité les guerres entre l'Atlantide et la Lémurie sont les mêmes qui, dans le cas présent, tentent une stratégie similaire.

Mais cette fois, les circonstances sont différentes. Le moment de l'ascension de votre Terre-Mère est venu ; ses souhaits seront respectés. À partir de maintenant, elle s'épurera et ne tolérera plus aucune maltraitance exercée sur son corps ou à l'endroit de ses précieux enfants. Nous vous prions de consentir à cette épuration qui s'exprimera par des bouleversements terrestres. La troisième dimension transférera éventuellement son énergie à la quatrième ; elle n'existera plus telle que vous la connaissez aujourd'hui. Vous posséderez toujours un corps physique et vous vous sentirez aussi tangibles que maintenant, mais ce sera un corps physique de la quatrième dimension. Par la suite, il aura une forme propre à la cinquième dimension, beaucoup plus légère, tout en demeurant matérielle. Vous êtes à l'aube d'un âge d'or d'amour et de fraternité vraie.

Nous, des royaumes de lumière, sommes en mesure d'affirmer que cette guerre imminente sera la dernière qui ragera sur cette planète ; et nous ne lui permettrons pas de durer bien longtemps. Les forces des ténèbres savent très clairement qu'elles en sont à leur dernière heure ; le glas de la mise en accusation sonne à leurs oreilles depuis déjà un moment. Elles savent que leur seul choix est de s'aligner avec la conscience d'amour, ou de déguerpir. Vous avez entendu l'expression : « L'animal rugit plus fort quand il est acculé au pied du mur. » Et ces forces déguerpiront, à leur heure.

Aux États-Unis et dans maints autres pays, les artisans de lumière unissent leurs forces par le biais d'Internet et d'autres moyens, tissant ainsi une toile de lumière, d'unité et d'amour. Les membres du gouvernement clandestin sont maîtres de la magie noire ; ils ont la faculté de percevoir cette toile de lumière et d'amour qui s'étend tout autour de la Terre. Sachez que votre rayonnement les préoccupe grandement. Ils ne cherchent pas uniquement à prendre le contrôle des ressources pétrolières. En effet, leur but premier consiste à démanteler votre toile planétaire, et ils projettent d'y parvenir en provoquant des bouleversements dans le monde entier afin de vous asservir, de vous réduire tous à l'esclavage pour servir leurs moindres désirs, de vous maintenir dans une abjecte pauvreté à la limite de la survie. En fait, ils ont réussi plutôt bien jusqu'ici ; vous arrivez difficilement à subvenir à vos besoins et il ne suffirait que d'un petit pas de plus de leur part pour vous retrouver dans une servitude absolue.

Soyez en paix ; les nouvelles sont excellentes ! Avant de s'incarner, les artisans de la lumière obtinrent la promesse du Créateur que, cette fois, vous aurez la chance d'atteindre la plénitude de votre présence JE SUIS et de votre nature christique ; vous parachèverez, sur terre en cette même incarnation, votre nature divine et obtiendrez les dons spirituels qui vous sont demeurés dissimulés depuis fort longtemps. Sachez que les êtres qui dominent votre planète ont pour objectif d'empêcher cette illumination à tout prix, car elle mettrait un terme à leur suprématie. Bientôt, de nouveaux gouvernements se formeront, véritablement intéressés au bien des citoyens et de la collectivité. Ceux qui sont destinés à occuper ces postes ont été préparés et vivent déjà parmi vous.

Il ne sera pas permis que la guerre, qui est fort probablement sur le point d'avoir lieu, dégénère en un conflit global susceptible de détruire votre monde et ses habitants. Votre Terre-Mère est préparée à ce qui va arriver. Au risque de me répéter, disons qu'il y aura intervention providentielle ; soyez prêts à être témoins d'une foule de miracles. Puisque les forces des ténèbres jouent leur dernière carte afin d'entraîner un sérieux déséquilibre au sein de la population et sur la planète, la polarité de lumière vous portera secours en vue de créer l'amour-lumière et l'illumination.

Cette ultime guerre aura pour effet d'accélérer les vents du changement positif dont vous rêviez depuis si longtemps. Par le fait même, des millions de gens s'éveilleront et prendront conscience de leur nature divine ; ils réévalueront les valeurs qui régissent leur vie. Tous s'ouvriront bientôt à des visions inédites sur eux-mêmes et leur planète. Ils se mettront en quête d'objectifs et de rôles davantage alignés sur leur nature divine. Au-delà de la guerre, donc, vous verrez des millions de gens se joindre aux rangs des artisans de lumière et s'assembler pour créer une paix durable et une réalité nouvelle fondée sur des vérités divines.

Attendez-vous cependant à des pertes de vies humaines, à des ravages matériels ; les structures patriarcales désuètes s'effondreront, car elles ne servent plus à rien. Une société nouvelle s'érigera à partir de principes universaux et des lois de l'amour. Préparez-vous à éprouver de grandes peines, à connaître des moments malheureux. Tout cela vous aidera néanmoins à ouvrir votre cœur beaucoup plus largement, jusqu'à l'ouverture requise pour votre passage à une dimension supérieure. Cette souffrance purifiera également un karma important, laissant place à un ordre nouveau.

Consentez, enfants de mon cœur, à ce que la main de Dieu réalise ses enchantements. Votre Créateur vous observe très attentivement, protégeant la Terre et les peuples qui ont choisi d'accueillir leur nature divine. Plutôt que de sombrer dans la peur, le désespoir et un sentiment d'impuissance, allumez une bougie d'espoir en votre cœur, sachant qu'au-delà de la guerre, un monde tout neuf vous attend. Les miracles sont à votre portée. Les dons d'amour et de lumière de la part du Créateur et de votre famille stellaire déferleront en votre vie et votre cœur d'une manière jusqu'ici inconnue.

Nous nous joindrons bientôt à vous sur le plan physique. La longue nuit obscure qui nous sépare depuis si longtemps s'achève ; ensemble, nous tisserons un rêve et lui donnerons réalité en un univers prodigieux. Naturellement, ceci ne pourra survenir que si les puissances qui régentent le monde sont complètement vaincues ; et ce moment approche à grands pas. En votre cœur, sachez que la lumière prévaudra et que la victoire est assurée. Les peuples de la Terre se sont élevés à l'unisson pour exprimer leur désir de paix et il en sera ainsi.

Vous êtes désormais la plaque tournante du cosmos : nous attendons votre prochain geste d'amour, de lumière résolu et courageux. Élevez-vous contre la tyrannie d'un gouvernement mondial unique et criez : « Assez ! Votre heure est venue ! » Le Créateur, souriant se dira alors : « Eh bien, ces humains s'éveillent enfin. Je décrète désormais "Que la paix soit sur la Terre, et il en sera ainsi". »

Nous vous prions de ne pas tenir compte de ce qui est inscrit dans la destinée ; demeurez absolument en paix dans votre cœur, puisque, par ordre divin, la main de la providence interviendra. Ne laissez pas l'angoisse vous envahir, car vous ajouteriez ainsi à la confusion générale. Surtout, regardez au-delà de la guerre et accueillez tous les dons que vous avez mérités.

Au fur et à mesure que s'accroît la lumière sur terre, vos responsabilités se multiplient. Et nous, vos frères et sœurs lémuriens, rassemblons nos équipes à la surface afin de mettre à exécution nos projets d'envergure. Bientôt, nous pourrons faire appel à la bonne volonté de tous ceux d'entre vous qui souhaitent rendre service, mais rien ne vous sera imposé. Votre désir de servir à nos côtés devra émaner de l'appel de votre cœur. Comme notre mission exigera la contribution d'un grand nombre de gens, plusieurs occasions merveilleuses s'offriront à ceux qui veulent travailler en collaboration avec nous. Vous êtes les éclaireurs, l'avant-garde, le noyau, le petit groupe que nous formons, accueillons et chérissons ici, au mont Shasta. L'époque de gloire que vous attendiez est juste derrière les nuages, au-delà de la tourmente d'une guerre artificielle. Si vous pouvez permettre aux nuages et à la tempête de jouer leur dernière scène, cette ultime illusion, tout en demeurant dans votre incarnation, vous n'aurez jamais à le regretter.

Assurez-vous de préserver la bougie d'espoir brillant en votre cœur, car au-delà des troubles, il y a la gloire, le bien-être et la grâce. Juste derrière cette sombre nuée apparaît l'aube d'un autre monde, d'une vibration nouvelle sur cette planète et le début de l'unité, d'un amour plus profond là où la violence ne sera plus. Veillez les uns sur les autres en ces temps de besoin, donnez l'amour et le réconfort à ceux qui n'ont pas eu la chance d'apprendre ce que vous savez déjà. Devenez les piliers de la paix pour tous ceux qui vivent dans la peur, afin qu'ils se reposent sur vous et trouvent ainsi une consolation. Comme d'autres s'appuieront sur vous pour obtenir du réconfort, nous vous invitons à puiser en nous la force et le soutien nécessaires. Dans les jours qui viennent, nous serons tout près de vous, vous entourant de notre amour et vous apportant notre secours.

CHAPITRE 3

La connexion qui relie la France, le Canada (notamment le Québec) et le Brésil

Par Adama, Celestia et le Haut Concile de Telos

Bien avant l'existence de la cité souterraine de Telos, il y avait une connexion entre certains endroits de la planète, une sorte de triangle d'énergie mère désigné actuellement sous les noms de France, de province de Québec et de Brésil. Presque chaque région du globe représente une partie d'un triangle (ou trinité) en rapport avec deux autres régions. Ces grilles relèvent du plan sacré (ou plan divin), et nous les avons utilisées à l'intérieur de la Terre pour promouvoir les énergies qui équilibrent et harmonisent les vibrations de la surface.

Bien que nous ne les considérions pas ainsi à l'intérieur de la Terre, ces pays portent une vibration unique, une couleur, un son harmonique et un code planétaire. Ensemble, tous trois engendrent une vibration nouvelle et une couleur qui représentent la signature de la grille au sein de l'intérieur du globe, de même qu'à sa surface ainsi que dans les plans éthériques qui encerclent la Terre. Il est important que cette signature soit identifiée, car elle sert à exploiter les énergies de cette grille spécifique et à les harmoniser à celles d'autres réseaux sur la planète. Ce tissu de grilles sert d'interface avec le système des méridiens organiques de la planète elle-même.

En le traversant depuis l'intérieur du globe, nous pouvons prendre le pouls de Gaia et mesurer les vibrations actuellement véhiculées à la surface ainsi que leurs effets dans les diverses régions de l'intérieur. Ce travail de surveillance sur le système des grilles est important, car il nous donne la possibilité de contrecarrer plusieurs situations potentiellement catastrophiques, qu'elles soient d'origine humaine ou naturelle ; l'énergie équilibrante appropriée générée depuis l'intérieur du globe permet donc d'empêcher ces cataclysmes.

En ce qui concerne les énergies individuelles de ce trio, vous pouvez identifier leur vibration comme suit :

La France

Elle émet une couleur d'un rose scintillant dont les contours sont presque blancs ; le cœur du pays, la région de Paris, présente la teinte rosée la plus chaleureuse. Les artisans de la lumière qui se sont incarnés en France en cette époque de transformation planétaire portent en eux la plus pure vibration du cœur de la Lémurie. S'il existe des êtres qui ont cette même vibration un peu partout dans le monde, il y en a toutefois un nombre extraordinaire en France à l'époque actuelle, ainsi que dans les deux autres nations mentionnées plus haut, qui ont choisi de s'incarner comme enfants de la déesse lémurienne représentant la pure conscience christique dans son application la plus intégrale.

Cela est dû en partie à la tourmente qui a assailli la France pendant la majeure partie du siècle dernier – deux guerres mondiales et maintes incursions dans diverses régions, telle l'Indochine. Plus particulièrement, les conséquences à long terme de la Seconde Guerre mondiale ont engendré un grand besoin d'équilibrage énergétique dans cette région, surtout des énergies de la race juive, faussement perçue dans la majeure partie du monde.

Cette culture a, en vérité, détenu les énergies du masculin divin dans la conscience de Gaia depuis que la race humaine est apparue sur cette planète. Cela ne veut pas dire que d'autres civilisations n'ont pas aussi apporté les énergies christiques ici-bas, mais la race juive, dont l'héritage génétique est intact, a existé afin de sauvegarder l'étincelle pure du masculin divin qui d'abord infusa le féminin divin il y a plusieurs éons. De ce point de vue, l'identité du Juif fait partie intégrante de celle de la Lémurie. Depuis la naissance de la divine source au sein de la planète Terre, celui-ci a maintenu cette connexion par sa culture. Nous reconnaissons que la vibration portée par cette race a gardé son intégrité pendant des millénaires au cours desquels on a tenté de la déformer. Les Juifs y sont parvenus en exigeant que la lignée soit transmise par la mère afin de garder la structure et l'intégrité de l'ADN.

Comme c'est le cas pour tant de religions contemporaines, le dogme aujourd'hui véhiculé par le judaïsme ne détient plus la vibration originelle transmise par le Divin. La vibration source elle-même a été préservée dans la conscience de l'être qui est votre Terre-Mère et lui fournit une identité. Cette vibration source réside aussi dans l'ADN de tous les êtres qui se sont incarnés des existences durant, parmi la race « juive », qui a peuplé jadis les régions de la Lémurie et de l'Atlantide. Elle est également présente, dans une certaine mesure, chez la plupart des êtres incarnés actuellement sur cette planète. L'hébreu contient aussi une bonne dose de cette énergie source ; cette langue a servi à léguer plusieurs transmissions et enseignements redécouverts récemment et qui, seulement maintenant, sont examinés sérieusement et diffusés dans le monde.

Le Québec

Cette province présente aussi une connexion profonde avec cette vibration. Les couleurs qui en émanent sont un mélange de différents tons de pêche ayant un noyau vert émeraude au centre. Le cœur du Québec se situe dans la région de Montréal ; cette ville se prépare désormais à l'instauration d'un centre où seront transmis les enseignements lémuriens et leur travail de guérison. La population francophone du Québec a préservé sa langue et son lien à la vibration du cœur de la France. Le Québec fut à l'origine un avant-poste pour cette vibration et un point du triangle transmettant les énergies directement vers le pôle Nord. Cette liaison au pôle fait aussi partie des caractéristiques de la grille qui assurent les transmissions d'énergies depuis l'intérieur de la Terre à ce triangle, et de là, vers d'autres parties de l'ensemble de la grille.

Quoique la religion de cette province fût principalement le catholicisme à l'instar de la France, le Québec, et spécialement Montréal, présente une connexion avec la race juive. C'est ici qu'ont choisi de s'incarner nombre de ceux qui furent persécutés en Allemagne en raison de leur héritage juif ; ils purent ainsi garder leur lien à la vibration du cœur de la Lémurie tout en échappant au traumatisme de leur incarnation précédente. La province de Québec est douée d'énergies de guérison extraordinaires, et plusieurs personnes ayant servi, au cours d'éons, comme guérisseurs et maîtres de ces arts y sont aujourd'hui rassemblées pour commencer à partager leur savoir avec le monde. De plus, sa proximité avec les États-Unis est hautement significative.

Un autre triangle formé de l'Allemagne, de l'Argentine et des États-Unis appartient à une trinité directement associée à une zone dont le gouvernement porte, et a porté, de formidables énergies de destruction, de violence et de séparation de la Source divine. La France possède cette connexion à l'Allemagne, le Brésil à l'Argentine et le Canada aux États-Unis. Dans chacun de ces cas, les énergies féminines de la France, du Québec (et d'autres régions du Canada) et du Brésil ont servi à équilibrer l'accablante méfiance envers le féminin qu'affichent les gouvernements patriarcaux déviés des États-Unis, de l'Allemagne et de l'Argentine.

Ceux qui ont perpétré des gestes d'une violence extrême pendant la Seconde Guerre mondiale ont réussi à se soustraire aux conséquences en se réfugiant aux États-Unis et en Argentine. Leur venue a perpétué une vibration de méfiance, de violence et de chaos. Elle a aussi également fomenté l'essentiel de l'antisémitisme, mouvement ainsi désigné par vous, car son énergie et les actes autorisés en son nom constituent des attaques contre le masculin divin lancées par ceux qui craignent le féminin divin.

En fait, ces trois pays – l'Allemagne, l'Argentine et les États-Unis – ont permis à beaucoup de déséquilibre et de dissonance de se diffuser en ces régions. Toutefois, leur connexion directe aux énergies du cœur de la Lémurie transmises par la grille de la France, du Québec et du Brésil devient notre meilleur outil pour rétablir l'harmonie en ces lieux.

Cet antisémitisme prévalant aux États-Unis, en Allemagne et en Argentine atteste du degré considérable d'équilibrage qui a cours à l'heure actuelle. Ceux qui affichent le plus de méfiance ressentent une peur grandissante à mesure que la lumière du divin croît. En réalité, nombre de ceux qui furent Juifs lors d'existences antérieures, même s'ils ne le sont plus aujourd'hui, seront rappelés au service comme détenteurs de cette vibration. Elle représente l'étincelle divine d'inspiration qui se fusionne à ce jour avec l'amour christique inconditionnel du féminin afin de se réunir avec les énergies de la Terre d'une manière sans précédent depuis sa naissance.

Le Brésil

Ce pays établit le lien avec le pôle Sud. Les couleurs qui s'en dégagent sont très agréables ; elles comportent des tons de jaune, de rouge, de bleu et des teintes du spectre de surface issues de ces couleurs primaires. Le phénomène est dû à la nature cristalline du Brésil. Il s'agit en fait d'un cristal générateur immense, hautement prismatique ; il sert donc d'engin de transmission des énergies du cœur et de guérison qui proviennent de la France et du Québec, ou de l'hémisphère Nord vers l'hémisphère Sud.

Le travail qui s'effectue actuellement dans ces trois régions témoigne du grand nombre d'âmes évoluées qui se sont incarnées là en vue de porter les énergies de cette grille de toute première importance et de servir en son noyau. Ces énergies de la Lémurie se diffusent par la grille aux régions de la surface qui en ont le plus grand besoin. On suppose, avec justesse, que ces zones seront les premières à être touchées directement par les intraterrestres et les frères stellaires. En vérité, un premier niveau d'émergence s'est déjà produit grâce au grand nombre d'êtres qui se sont incarnés, ou encore « incorporés » [les *walk-ins*] à l'intérieur de membres de ces populations. Il ne reste plus que ces rassemblements se manifestent au grand jour. N'oubliez pas que ceux qui veulent si ardemment entrer en contact avec vous sont en réalité des aspects de vous vivant dans d'autres temps, espaces et/ou dimensions. Vous êtes des extensions physiques des âmes qui ont vécu sur terre et dans d'autres galaxies et univers. Plus nombreux seront les aspects des Soi multidimensionnels que vous intégrerez et avec lesquels vous communiquerez, plus tôt la dimension à la surface le reconnaîtra et le reflétera.

Nous sommes déjà ensemble dans les vibrations de la grille dont nous avons parlé, ce réseau qui reconnaît la vibration du cœur partout sur le globe, à l'intérieur et à l'extérieur. En réalité, lorsque vous vous déplacez sur les énergies de cette grille, il n'existe aucune distinction entre les dimensions. Nous vous invitons à vous connecter avec ce réseau aussi promptement et aussi souvent que possible, jusqu'à ce qu'il fasse partie de votre nature intrinsèque. Les enfants qui s'incarnent maintenant sont porteurs de la clé dans leur ADN et s'efforcent de la partager avec ceux qui sont déjà à la surface. Écoutez-les et ouvrez-leur vos cœurs. Ils échafaudent un avenir extrêmement potentialisé que la majorité d'entre vous à la surface n'aurait jamais imaginé. Nous sommes ici au service d'un plan divin dont la magie et l'enchantement dépassent toute imagination. L'amour que nous éprouvons à votre égard vous accompagne sur cette voie à jamais.

Bénédictions à vous tous. Nous souhaitons que la joie fasse partie de la prochaine étape de votre voyage vers l'amour et la liberté.

CHAPITRE 4

Opérations sur la grille énergétique

Adama

Bénédictions, car vous êtes vraiment des maîtres qui se sont unis en vue de cette expérience décisive ; c'est la première fois que la conscience est ainsi élevée, et ce, grâce à l'intégration simultanée des corps physique, émotionnel, mental et spirituel.

Je participe à une grille énergétique à l'intérieur du globe qui opère conjointement avec la structure cristalline physique à la surface, toutes deux étant liées à la Terre même. Les énergies de la grille émanent depuis l'intérieur pour entourer Gaia d'un réseau éthérique. Ces grilles sont liées à l'augmentation vibratoire de l'énergie, en rapport avec la métamorphose planétaire et même avec l'astrologie, puisque les activations ont lieu lorsque le magnétisme et les autres planètes sont en position favorable pour ces transformations.

Cette grille est aussi associée à la constellation des Poissons et a servi à porter les énergies christiques. Jadis, elle a été utilisée pour maintenir en place les dynamiques de la grille planétaire jusqu'au moment où elles pourraient s'élever encore une fois. Comme elles passent désormais à la constellation du Verseau et que nous retournons vers le Grand Soleil central grâce à cette élévation de conscience, il n'est plus indispensable dorénavant que ces énergies soient gardées là où elles sont. La vibration du

Verseau constitue une expression plus féminine, ce qui ne signifie pas pour autant que le masculin est en train de disparaître ; cela veut tout simplement dire que les deux polarités s'intègrent l'une dans l'autre. La fréquence qui provient de la Lémurie, notamment de Telos, est en soi un puissant générateur d'énergie en raison de sa position à l'intérieur du mont Shasta, où convergent toutes les énergies qui déferlent sur votre planète depuis le noyau galactique et la Voie lactée. Le mont Shasta est le principal point d'entrée. D'ici, en quelques secondes ou en moins d'une minute, elles rejoignent successivement tous les autres points majeurs de la grille situés au sommet des montagnes ; de là, elles sont diffusées à l'ensemble de la grille. Chacun de ces réseaux subtils possède divers points d'entrée et de sortie localisés aux carrefours, où l'énergie est disséminée à d'autres grilles, ainsi qu'au reste des voies énergétiques planétaires sur cette Terre.

La grille, qui a été créée par l'énergie d'amour en provenance de la conscience lémurienne, se reflète également en chacun de vous. Intégrée aux schémas géométriques sacrés de votre corps, elle vise à procurer un point focal aux vibrations ayant une fonction divine. Une dissociation entre la conscience personnelle et globale existe actuellement dans les diverses énergies sur terre. Bien que les deux niveaux de conscience soient en vérité un seul et même niveau, pour l'instant ils sont séparés afin de permettre la transformation vibratoire en chaque personne grâce au libre arbitre. Cette entente fut conclue par le Haut Concile lémurien afin de consolider la véritable dimensionnalité de cette transformation sur le plan cellulaire et de l'amalgamer à la conscience collective de la race humaine.

Avant cette décision, on croyait que la transformation globale pouvait être provoquée par une série d'infusions d'énergie à la planète elle-même, et de celle-ci à vous. Mais vous êtes les cellules du corps de la Terre ; nous comprenons désormais que vous devez ancrer et intégrer les vibrations individuellement afin de rendre compte pleinement des permutations uniques à la conscience humaine. La matrice d'ADN (ou grille cristalline) se modifiera différemment selon chacun et, par le fait même, portera le spectre complet des vibrations requises pour une transformation véritablement globale. À mesure que les énergies s'harmoniseront chez un nombre croissant d'humains qui auront terminé leur transformation personnelle, cette métamorphose se propagera en vagues ascendantes.

Un son accompagne cette transition. Il est généré depuis les royaumes éthériques, mais est audible dans notre plan d'existence. On le nomme « chant de l'âme ». Même les harpes et les luths n'émettent pas de sons aussi merveilleux que cette vague d'amour qui monte de l'âme et fait frémir simultanément le cœur et les tympans. À Telos, il existe un instrument que l'on joue en caressant ses trois cordes plutôt qu'en les pinçant avec le pouce et l'index. Cette musique est légèrement différente, mais résonne dans le même spectre sonore que le chant de l'âme. Elle est sublime et inspirante.

Les altérations de la grille et de la matrice d'ADN qui surviennent en vous rendront audible votre chant personnel, unique en soi. Pour le moment, ce chant, nous le chantons pour vous afin de vous rendre hommage. C'est une autre façon d'identifier et de reconnaître votre vibration, tout comme les autres noms ou titres que vous portez le sont aussi. Nous tenons à vous célébrer, car, peu à peu, vous redécouvrez votre son. Nous parons vos rêves d'évocations de celui-ci afin de vous seconder sur votre voie. Et notre amour s'allie au vôtre pour le bonheur de tous.

Mon travail consiste à maintenir et à alimenter l'énergie vibratoire des quatrième et cinquième dimensions qui s'insinue doucement à la surface, depuis l'intérieur. Nous procédons sous la croûte terrestre afin d'amener les élévations énergétiques par la planète elle-même, de sorte que vous puissiez les sentir s'élever ainsi. Nous les diffusons aussi à des points stratégiques, en passant par les pôles Nord et Sud, ainsi qu'en d'autres endroits. De cette manière, une dynamique énergétique se forme autour de la planète et alimente la Terre elle-même.

Je suis administrateur, organisateur des entrées et des diffusions d'énergie, et architecte de la grille. Tant que sa structure elle-même restera en place, elle subira des changements, des améliorations dans le flux des énergies ; le travail est en progression constante.

Un grand nombre d'êtres sont rattachés à ce projet. On a parlé de grilles différentes ; il s'agit en fait des strates multidimensionnelles d'un réseau de grilles immense et étendu. À l'heure actuelle, nous l'incorporons en une structure unique.

Diverses énergies travaillent avec plusieurs composantes de sa structure. La grille de Kryeon supporte surtout l'énergie magnétique, alors que nous agissons sur la grille cristalline. Ce projet fait également converger plusieurs groupes qui ont collaboré à ces énergies depuis longtemps afin d'accoupler leurs diverses composantes. La nouvelle grille a été façonnée grâce à la collaboration de plusieurs êtres : les Élohim, certaines entités extraterrestres tels les Arcturiens, les Pléiadiens, les Andromédiens, les Vénusiens, etc. Ces collaborateurs sont venus d'ailleurs, en compagnie de bien d'autres formes de vie. Comme nous sommes les parties d'un tout, nous modelons cette grille comme un tout qui profitera à la Terre et interviendra avec elle.

Sur ces grilles que l'on échafaude se trouvent des points d'entrée et de sortie. Certaines parties opèrent avec des zones en particulier et diverses fonctions peuvent leur être attribuées selon le moment. Ce travail établit une source nouvelle autour de la planète, source capable de recueillir et de préserver ces merveilleuses énergies diffusées en notre direction. Celles-ci ne nous parviennent pas uniquement sous la forme de transmissions intermittentes ; il s'agit d'influx qui forment une ceinture stable autour de la Terre en un processus continu.

L'évolution de Gaia

La manière dont la planète est susceptible d'évoluer n'est pas encore claire, car encore une fois, cette métamorphose passera par elle. Nous envisageons plusieurs stratégies, plusieurs manières de collaborer avec la Terre, mais tout repose sur une transformation de la conscience humaine qui permettra cette évolution. En réalité, il faudra une modification beaucoup plus importante de l'énergie féminine sur cette planète, en sorte que vous ne continuiez pas à anéantir ce qu'on espère reconstruire.

À ce stade, un problème, ou presque une crise de guérison, se pose sur le plan individuel : jusqu'où pouvons-nous aller ? Il est question également de ce que vous choisissez de faire afin de concourir à ce processus et de la manière dont vous allez vivre en ce monde. Voilà ce que nous attendons de voir avant de passer à d'autres phases. Au cours des dix années à venir, plusieurs événements surviendront sur le plan des énergies et de l'élévation de la conscience. Il est de toute première importance que les communautés se rallient et offrent leur soutien inconditionnel à la Terre.

Mise à jour à propos du plan d'émergence

Nous envisageons plusieurs types de sorties et avons un plan à cet effet. Nous préférerions de beaucoup voir l'humanité vivre avec le cœur en tout temps au lieu d'adopter une attitude d'attente, comme plusieurs le font, histoire de voir ce qui va se passer. Ayant entendu parler de nous, quelques personnes rationalisent cette théorie et les propos entendus. Elles ont décidé d'y accorder foi quand elles nous verront directement, là, devant elles. Notre venue future repose fortement sur l'élévation de l'amour et de la vibration lumineuse en chacun. Nos connexions s'établiront de plusieurs manières. Lorsque le lien du cœur avec nous sera plus stable chez le peuple de la surface, alors nous serons plus constamment présents sur le plan physique.

Notre émergence débutera tout doucement, par des rencontres secrètes avec de petits groupes déjà ouverts à nous et dont le degré de vibration reste dans la quatrième dimension en tout temps. À mesure qu'un nombre croissant de gens accéderont à leur propre Soi divin et à l'amour inconditionnel, les cercles de nos rencontres iront grandissant. Sachez également que ces rencontres n'auront pas lieu dans une vibration de la troisième dimension. Il vous faudra nous rencontrer à mi-chemin dans votre amour et votre vibration lumineuse. Au fil des transformations énergétiques dans votre monde, le processus sera désormais possible pour un grand nombre d'entre vous qui apprécient cet enseignement. Nous avons d'ailleurs constaté une grande ouverture du cœur et reçu un accueil chaleureux et affectueux de la part de la population francophone depuis la publication du premier livre. Sachez que ces gens seront parmi les premiers à participer à ces rencontres clandestines sur le plan physique. Renoncez aux énergies tridimensionnelles déviées et passez aux nouvelles vibrations dans l'amour et la joie. Voilà la clé. Nous attendons votre éveil progressif avec enthousiasme afin de nous unir à vous une fois de plus.

CHAPITRE 5

Effets des drogues récréatives
sur le développement spirituel

Adama

Je voudrais d'abord parler de l'usage général des drogues récréatives. Pour commencer, examinons leur histoire. Lorsque ces plantes sacrées apparurent dans la Création, elles avaient pour rôle de hausser l'énergie et la conscience. Au départ, il y a très longtemps, les plantes altérant l'état de conscience aidaient les humains à percevoir leurs qualités divines, leur Soi divin éternel et le Créateur. Elles furent également employées pour augmenter les facultés télépathiques, de même que les dons de clairaudience, de clairvoyance, de psychométrie, et à d'autres fins similaires. Ces ouvertures spirituelles reliaient chacun plus directement au royaume angélique, aux esprits de la nature, au royaume animal et aux êtres de l'autre côté du voile. Les énergies accrues par les plantes sacrées donnaient accès au voyage interdimensionnel. Tels étaient les principaux rôles de ces substances végétales ; il s'agissait de percer des voies spirituelles. C'était ainsi au début de la création, avant le déclin du niveau de conscience qui eut lieu au cours du quatrième âge d'or.

Pendant une très longue période d'évolution de la Terre, les gens puisaient à même l'énergie de ces plantes avec grande déférence, en ayant le sentiment du sacré et une intention pure ; ils consommaient une petite portion de la feuille cueillie directement sur la plante vivante, selon l'expérience désirée. Une grande variété de ce genre de plantes existait, chacune offrant un don spirituel spécifique. On n'en faisait jamais mauvais usage et elles ne provoquaient aucune dépendance. On enseignait aux petits à s'en servir dès un âge tendre ; du coup, il n'était pas question d'employer ces plantes pour des usages autres que ceux auxquels elles étaient destinées. Les plantes sacrées étaient douées d'une fréquence vibratoire de la cinquième dimension, ou plus encore.

Par ailleurs, on ne fumait pas ces substances pour ensuite les inhaler dans les poumons, comme on le fait avec les équivalents actuels des herbes d'origine, du reste tout à fait différents. À l'époque, les utilisateurs ne consommaient qu'une petite portion de la feuille ou une feuille entière, selon l'espèce ; cela suffisait à obtenir les résultats désirés. En outre, on traitait ces végétaux avec le plus grand respect ; il fallait demander l'autorisation des devas de chaque plante pour bénéficier des propriétés de chacune. Toutes croissaient partout en abondance, et presque chaque foyer réservait dans son jardin un coin sacré pour la culture de quelques espèces. Elles étaient considérées comme une nourriture de l'âme aussi importante que les aliments destinés au corps.

En vérité, les plantes sacrées étaient porteuses d'une vibration si élevée que, lorsqu'on les absorbait, les propriétés liées à leur vibration élevaient le corps et ouvraient la conscience à des révélations et à des expériences de nature supérieure. Lesdites « herbes » que fume la génération actuelle dans l'espoir d'établir une connexion avec un aspect supérieur en elle ou d'expérimenter d'autres réalités dimensionnelles appelées *fix* ou

« voyages » n'ont rien à voir avec celles qui étaient initialement employées à des fins spirituelles. Ces dernières n'existent plus dans votre réalité tridimensionnelle ; plusieurs espèces ont toutefois été préservées à l'intérieur de la Terre.

Pour comprendre ce qu'il est advenu de cet héritage dont l'humanité a fait libre usage pendant si longtemps, il faut remonter le cours de l'histoire jusqu'au début de l'âge des ténèbres, au moment où les gens ont abandonné leurs pouvoirs au profit de vibrations inférieures et à des puissances autres que leur Soi divin. L'une après l'autre, les civilisations de Gaia ont oublié leur état originel d'ouverture au divin et se sont tournées vers les énergies manipulatrices et tyranniques des ténèbres.

Certains êtres incarnés qui, avant de venir sur terre, s'adonnaient aux arts obscurs et avaient acquis un vaste savoir à propos d'autres sphères d'existence, devinrent les magiciens sinistres des temps anciens. Ce sont eux qui ont d'abord modifié génétiquement la racine des plantes originelles afin d'exercer un contrôle plus grand sur la population en atténuant ses pouvoirs et perceptions spirituels. Le processus eut cours sur une période de temps très longue ; les plantes d'origine furent progressivement détruites ou leurs vibrations, abaissées.

Aujourd'hui, ce que vous appelez « drogues récréatives » présente une vibration négative corrompue très éloignée de celle des substances sacrées de jadis. Ce à quoi sont accros nombre de jeunes et d'adultes en ce monde, ce sont des produits qui mènent leurs usagers à des plans inférieurs de la sphère astrale, là où ils sont capturés et attachés par des entités qui ont besoin de leurs énergies afin de survivre ; ces entités sont la cause première des dépendances. Elles naissent des distorsions dans le corps émotionnel des utilisateurs de drogues. Bien réelles, elles existent sous forme de conscience à faible énergie. Il vient un moment où leurs tentatives de s'emparer de l'énergie des humains deviennent de plus en plus agressives. Avec le temps et l'usage, ces entités augmentent en nombre et en puissance dans le champ énergétique de leurs hôtes.

On peut affirmer que votre dépendance est aussi leur « drogue ». Ce concept de la genèse de la dépendance est mal compris ; s'il l'était, rares seraient ceux qui, en votre monde, consommeraient des substances provoquant une dépendance, y compris la cigarette et l'alcool.

Avec le temps, les vibrations des plantes qui restaient furent encore modifiées, jusqu'à ce que peu de choix s'offrent à vous aujourd'hui. Il ne reste qu'un nombre infime de végétaux de basse vibration pouvant modifier l'état de conscience. Au lieu de mener mentalement les adeptes vers des royaumes lumineux lors de leurs voyages multidimensionnels, les drogues actuelles les conduisent vers la vibration inférieure du plan astral, là où la lumière est voilée et la conscience, complètement déformée. Les magiciens funestes ont réussi à modifier les vibrations des plantes primitives de façon à provoquer une déchirure de l'âme et une dissociation plus profonde de la Source.

Les adeptes des drogues récréatives sont, pour la plupart, des individus qui perçoivent consciemment ou non le fait d'avoir perdu toute connexion avec leur Soi divin et qui sont alors en quête d'une forme d'union affective avec un aspect plus vaste d'eux-mêmes. Les dépendances résultent du fait que ce désir naturel de l'âme n'est jamais assouvi en se livrant à ce type d'activité. Les drogués finissent par inhaler ou ingurgiter une quantité croissante de substances psychoactives par besoin ou par désir désespéré de se relier à une partie d'eux-mêmes qui comblerait le vide, ce néant qu'ils ressentent dans leurs tripes. Plusieurs le perçoivent comme une tentative de découvrir à l'extérieur les joyaux, l'amour qui ne résident que dans le Soi et auxquels on accède exclusivement en appréciant le Soi qui vit à l'intérieur et palpite dans le cœur. Je le répète, les substances disponibles à la surface aujourd'hui et susceptibles d'altérer l'état mental et spirituel ne peuvent qu'amplifier le vide, le néant, la solitude de l'âme qui cherche la plénitude hors du Soi.

Si une personne dépend d'une substance à basse vibration pour connaître un état de conscience altéré ou se reconnecter avec le divin, les résultats obtenus deviennent l'illusion la plus trompeuse, le leurre d'un mental-ego tortueux. Saisissez-vous ce point ?

Les herbes que l'on cultive à ce jour et les substances chimiques fabriquées aux fins d'altération des états de conscience sont totalement étrangères à l'âme, au corps physique, au mental et au corps émotionnel. Elles entraînent dans ces corps des dénaturations que seul le temps pourra rectifier, voire plusieurs vies dans certains cas.

Là où régnaient l'amour, l'innocence et la pureté d'intention au départ, au temps où les plantes sacrées avaient préservé leur schéma génétique premier, on rencontre maintenant une négativité qui a pris la forme d'une gigantesque conscience collective d'entités attachées à la drogue qui ravagent la fibre même de la vie et de la conscience. Il est presque impossible désormais de trouver un endroit exempt de ces entités. Il s'agit d'un autre complot des frères maléfiques, dont l'intention est d'entraver ou de stopper l'évolution de cette génération tout entière. De vastes groupes de ces créatures attendent une « proie consentante », agglutinés là où les gens se réunissent pour inhaler ou consommer de la drogue.

Si vous pouviez apercevoir ce que nous voyons de notre point de vue, vous sauriez sans l'ombre d'un doute que quiconque s'adonne aux drogues appelle à lui des dizaines, voire des légions, de ces entités diaboliques qui s'accrocheront à lui et le tourmenteront sur le plan affectif pour l'inciter à consommer davantage. Vampires assoiffés, elles rivalisent pour obtenir leur « drogue ». La dépendance ne provient donc pas tant des plantes en soi que des entités qui se fixent à ceux qui les absorbent. Voilà la cause première des tourments reliés à la toxicomanie.

Ces entités ont l'apparence de serpents de fumée opaque mesurant de deux à cinq mètres de longueur. Elles s'amplifient et s'intensifient sous la forme d'une énergie qui enveloppe les divers corps – physique, émotionnel, mental et spirituel – des consommateurs de drogues, peu importe le mode d'usage. C'est surtout le corps émotionnel qui en subit l'influence, car les entités astrales incarnant cette vibration lui impriment l'envie insatiable d'une quantité croissante de drogues. Ce qui conduit la plupart du temps à des changements de personnalité et à des dommages psychologiques. L'âme se dissocie de plus en plus de l'objectif de l'incarnation et de son « véritable soi ». Car ceux qui passent leur vie confinés à un tel état d'être auront peut-être à vivre plusieurs incarnations avant de retrouver le niveau de conscience qu'ils avaient en venant à cette vie. Ils auront régressé sérieusement dans leur évolution personnelle.

La drogue et les corps émotionnel, physique, mental et spirituel

Parmi ces corps, le corps émotionnel est celui qui subit l'impact le plus grand. Les entités poussent les individus à la dépendance surtout par l'entremise du corps émotionnel et du plexus solaire, mais aussi par le corps mental en provoquant une sensation de manque très prononcée ou encore un grand besoin d'une substance addictive.

Il est bien connu que chez les consommateurs de ces substances, l'évolution et la maturation du corps émotionnel cesse. Règle générale, ces personnes demeurent passablement déséquilibrées et immatures sur le plan affectif, même plusieurs années après que la consommation de drogues a cessé, et souvent pour le reste de leur vie. Il est clair que, chez les hommes et les femmes dans la trentaine ou la quarantaine qui n'ont pas plus de maturité que des adolescents de quinze ou vingt ans, quelque chose a suspendu la croissance de leur corps émotionnel. Celui-ci cesse généralement d'évoluer à l'âge où la personne s'est mise à consommer. On entend souvent dire de quelqu'un qu'il a quarante-trois ans d'âge mais la maturité d'un jeune de seize ans. Vous voyez ce que je veux dire ?

Le recours aux drogues entraîne des manques dans le développement de la personnalité des toxicomanes. Au lieu de cultiver les qualités inhérentes à la nature divine de chacun, la dépendance en incite plusieurs à faire appel à toutes sortes de manipulations, d'impostures et de moyens détournés pour obtenir l'argent nécessaire à l'achat des drogues. Certains vont même jusqu'à tuer ou se prostituer pour se procurer les fonds servant à alimenter leur dépendance. La toxicomanie ternit ou détruit carrément les qualités de l'âme ; cela étant, les objectifs de l'incarnation ne seront pas atteints.

Chacun éprouve le besoin d'évoluer et de devenir l'être divin qu'il est en vérité. Il s'agit de sa nature véritable, de son droit de naissance. Ceux qui font usage de drogues ou de substances créant l'accoutumance cherchent à l'extérieur d'eux-mêmes ce qui ne se découvre que par l'amour du Soi, au sein du noyau sacré de l'être. La toxicomanie est un refus de passer par les voies normales d'apprentissage des leçons quotidiennes de la vie afin d'évoluer. Honnêtement, il n'y a aucun raccourci extérieur menant à l'illumination. Tout est en vous.

À mesure que s'élèveront les vibrations sur terre, la jeunesse du monde et les consommateurs de drogues récréatives devront choisir et s'engager par rapport à leur vie, à leur évolution et aux objectifs prédestinés de leur incarnation. Ils devront bientôt soit décrocher de leurs drogues, soit se voir forcés de quitter leur présente incarnation pour passer un moment sur le plan astral, auprès des énergies auxquelles ils se sont associés. À un certain stade, voilà le choix que tous auront à faire s'ils souhaitent chevaucher la vague de l'ascension avec le reste de l'humanité.

Du point de vue du corps mental, l'usage de drogues influe sur le tempérament, sur le degré d'intégrité et pervertit les raisons de vivre. Au lieu d'amener la personne à développer et à intégrer des rôles nobles, l'existence prend l'allure d'une course, d'une obsession de trouver, peu importe comment, l'argent qui permettra d'acheter plus de drogues. Ce genre de préoccupation abrutit l'esprit. Du point de vue génétique, les répercussions peuvent se faire sentir chez la progéniture de deux ou trois générations ; les conséquences prendront la forme de diverses déficiences physiques, mentales ou affectives. Les enfants qui naissent de familles portant cet héritage génétique auront choisi de prendre naissance dans ces circonstances afin de résoudre un karma non achevé, ayant eux-mêmes consommé des drogues ou s'étant livrés à un autre type de dépendance lors d'une incarnation antérieure.

Sur le plan physique, les drogues ou toute forme de dépendance abaissent les vibrations du corps. Sur le plan génétique, certains individus, plus costauds que d'autres, ne semblent pas en souffrir physiquement. Par contre, nombreux sont ceux dont le cerveau et le corps émotionnel sont touchés. Néanmoins, il faut garder à l'esprit que celui qui s'adonne aux drogues récréatives sur une longue période de temps et ne réalise pas son contrat de vie perdra le privilège de jouir d'un corps en santé au cours de sa prochaine incarnation. Et vous savez tous à quel point cela peut être douloureux, voire insupportable !

Vous ne pouvez jamais sciemment ou par négligence maltraiter votre corps durant une incarnation et penser être robuste et sain lors de l'incarnation subséquente. Selon la loi divine, si un corps en santé vous est accordé et que vous en faites mauvais usage, le karma mûrit dès la vie suivante. Des enfants naissent avec toutes sortes de problèmes de santé et vous vous demandez pourquoi ? Ou ce qu'ils ont fait pour mériter un tel sort ? Eh bien, depuis un point de vue humain, il est impossible d'en juger la cause puisque vous ne connaissez pas l'ensemble du scénario. Même en questionnant les astres ou en consultant les annales akashiques, la conscience humaine ne peut percevoir qu'une infime partie de l'ensemble de la situation.

Sur le plan éthérique, les drogues lacèrent une bonne portion des couches protectrices des âmes. Pour l'adepte qui a absorbé de grandes quantités de marijuana, de LSD ou d'autres drogues récréatives au cours d'une vie, il faudra de trois à cinq vies pour revenir au point d'évolution où il était au départ. Voilà la gravité des dommages causés par les dépendances sur le plan éthérique. Les atteintes aux corps invisibles ne sont pas perceptibles. Et précisons ici qu'il ne s'agit pas de ceux qui ont simplement fait l'essai de drogues à quelques reprises pour s'en détourner par la suite, mais bien d'utilisateurs réguliers sur une longue période.

Par ailleurs, certaines personnes consomment des drogues depuis cinq à dix ans, ou plus longtemps encore. À l'heure actuelle, en raison de la grâce divine qu'offre le Père céleste à l'humanité, il est encore temps pour elles de reprendre le droit chemin, de renoncer à leur dépendance, d'effectuer une désintoxication spirituelle, émotionnelle et physique, et de bénéficier ainsi d'une profonde guérison. Mais s'il advenait que leur âme quitte leur incarnation, que ces personnes meurent avant l'accomplissement de cette guérison, alors elles charrieraient les dommages dans l'incarnation subséquente et en subiraient, par le fait même, les conséquences sans savoir ce qui s'est passé ni connaître la raison des problèmes qui se manifestent.

Les effets sur le champ aurique

Depuis notre point de vue, quiconque est enfant de l'amour, de la lumière et de l'innocence possède un champ aurique doué d'une merveilleuse radiance aux couleurs irisées de l'amour, des sept rayons de l'arc-en-ciel et de lumière dorée. Le rayonnement de cette aura présente diverses intensités et tonalités, ainsi que de splendides motifs géométriques remplis de teintes provenant d'une vibration élevée. C'est ainsi parce que les magnifiques couleurs de Dieu possèdent leurs contreparties dans le spectre complet de l'arc-en-ciel.

En revanche, le champ aurique d'un adepte de la marijuana ou d'autres drogues contient des schémas difformes aux tons rouges de la colère et verdâtres hideux contraires à ceux de l'harmonie et de l'amour. Son aura est maculée de taches noires ou brunâtres. Le plus souvent, les magnifiques motifs auriques ne sont plus visibles. Leurs tons sont brouillés, car les couleurs sont complètement défigurées. Des essaims d'entités sont visibles, semblables à des serpents de fumée s'enroulant tout autour du corps. En raison de cet étranglement et de leur énergie à basse fréquence, le plexus solaire et le cœur sont congestionnés. Par le fait même, le corps éthérique et le champ aurique des adeptes des drogues récréatives sont repoussants. Si ces gens pouvaient voir leur aura et la comparer à la description tout juste donnée, ils seraient si épouvantés qu'au moins 90 % d'entre eux cesseraient leur consommation sur-le-champ.

La fréquence ascensionnelle, l'ADN et les toxicomanes

Tout d'abord, il faut constater que ces individus ne connaissent malheureusement pas de mutation cellulaire. L'usage des drogues les en empêche, car le facteur principal d'une telle mutation est la vibration d'amour et les efforts auxquels une personne consent pour élever sa vibration. La quantité d'amour et de lumière maintenue au quotidien est le facteur déterminant dans l'activation naturelle et spontanée de l'ADN. Celle-ci n'a rien à voir avec le fait de payer quelqu'un pour exécuter une activation d'ADN, qui ne revient qu'à rien de plus qu'un rituel d'intention. À moins que la fréquence d'amour et de lumière ne soit augmentée et soutenue par le receveur, ces rituels ne servent pas à grand-chose.

L'amour du Soi, de son corps, des objectifs de son incarnation ainsi que tous les autres types d'amour accélèrent ce processus d'activation. Les adeptes de la drogue abaissent sans cesse leurs vibrations, car ils doivent perpétuer le cycle qui permet aux entités de s'alimenter, ce qui revient, quand on y songe, à un acte de haine commis contre eux-mêmes. Le niveau de vibration bas qu'ils maintiennent ne favorisant pas l'élévation de leur fréquence d'amour et de lumière, la mutation de leur ADN vers un stade d'évolution supérieur est donc rendue impossible.

La prohibition de la marijuana
et l'angoisse reliée à son illégalité

La marijuana en tant que substance végétale pourrait avoir des emplois tout à fait positifs, si elle était employée de manière opportune. Il s'agit de se défaire de la peur et des dépendances et de percevoir chaque chose à sa juste valeur. Cette variété de chanvre est interdite par les autorités. Chez ces gens aussi, la peur est à l'œuvre ; ils craignent de perdre le contrôle et des revenus. Leurs intentions ne sont pas vraiment bienveillantes ; ils cherchent moins à protéger la jeunesse des méfaits de la drogue qu'à parvenir à leurs fins. Le chanvre peut avoir plusieurs applications bienfaisantes pour l'humanité. Pourtant, il est utilisé de façon négative pour faire régresser le processus spirituel d'une génération tout entière.

Le fait que cette drogue soit illégale suscite une curiosité ou un attrait particulier chez les jeunes et chez plusieurs adultes également. Bien qu'elle provoque une certaine crainte, elle alimente aussi la conscience / les entités de la peur en soi et sur terre. Chez plusieurs personnes qui présentent des troubles d'angoisse sur le plan subconscient, jouer avec cette peur entraîne un stimulus des centres énergétiques du corps, alimentant l'énergie de peur des entités en elles ; ces individus en tirent même une sensation illusoire d'exaltation mentale et émotionnelle. Comprenez bien que les entités attachées aux drogues s'abreuvent de la vibration des plantes dégradées et que les entités de la peur sont également nourries et vivifiées par l'angoisse. Vivre dans la crainte et entretenir la vibration de peur est également devenu une forme de dépendance pour un grand pourcentage de la population de cette planète. Pourquoi, à votre avis, tant de gens sont-ils friands de films d'horreur ou de violence ? Pourquoi ce divertissement est-il si populaire ? La raison principale, c'est que les émotions que déclenchent ces scènes alimentent les entités de la peur aux commandes de la programmation interne des spectateurs prenant plaisir aux sensations stimulantes. Ceux qui n'ont pas encore fait la paix avec leur cœur et leur Soi supérieur n'ont pas compris le véritable sens de l'amour et de la paix.

En ce monde, la vaste majorité des gens est programmée pour que la peur stimule le plan émotif. Il s'agit d'un programme très ancien auquel tous ceux qui visent l'illumination ou se sont engagés à l'atteindre doivent aujourd'hui trouver un antidote. Dans la civilisation nouvelle vers laquelle Gaia et l'humanité évoluent en conscience, ces vibrations n'ont pas leur place. Ceux qui persistent à les porter en eux seront retenus en arrière ; on leur en interdira l'entrée jusqu'à ce que leurs leçons aient été assimilées. La conscience de la cinquième dimension n'admettra aucun être chargé de ce genre de bagage.

La prohibition des drogues ne résout pas le problème. Leur distribution et leur vente clandestines ainsi que leur caractère illégal incitent les gens à recourir à la tromperie et à la malhonnêteté envers eux-mêmes et les autres. Les usagers prennent l'habitude d'être sournois, soupçonneux ; ils mènent une double vie. Tout cela n'est certainement pas favorable au raffinement de l'âme ou à la structuration du tempérament humain requis pour l'ascension et l'évolution vers une conscience supérieure.

L'enfant de lumière, l'enfant d'amour et d'innocence n'a rien à cacher. Nous approchons de l'ouverture totale à toute connaissance, à une conscience où tout sera connu et rien ne sera tu. Saviez-vous que dans les domaines supérieurs, rien ne peut être dissimulé à qui que ce soit parce que tout est toujours visible et perceptible par le champ aurique ? Votre champ aurique, ainsi que votre tonalité, vos vibrations et les couleurs qui émanent de vous divulguent tout au premier coup d'œil. À Telos, nous pouvons ainsi tout apercevoir au sein de notre communauté de lumière et dans le champ aurique des habitants de la surface que nous choisissons d'observer.

Mes amis, enfants chers à mon cœur, croyez-vous vraiment que vos tentatives de dissimulation parviennent à voiler vos secrets les plus impénétrables ? Eh bien, la vérité, c'est que vous n'y arrivez pas. Peut-être pouvez-vous cacher certaines choses à vos frères humains, mais il est absolument impossible de masquer vos secrets, vos pensées, vos sentiments ou vos désirs à un être de lumière appartenant aux sphères situées au-delà de la troisième dimension. Même les arbres, les esprits de la nature et les animaux sont en mesure de lire dans votre cœur vos intentions, votre passé et votre avenir. Si vos facultés télépathiques étaient à la hauteur ou si ces derniers s'exprimaient dans une langue que vous compreniez, leur sagesse et leur savoir vous étonneraient. À mesure que vous évoluerez, la situation va toutefois changer pour la plupart d'entre vous. En ouvrant son cœur à l'amour inconditionnel et à l'acceptation de l'autre, l'humanité aura accès à cette communication universelle dont tous les êtres des civilisations illuminées jouissent constamment. Et cette magie nouvelle vous enchantera. Vous n'aurez plus jamais à craindre qui que ce soit ni quoi que ce soit. Vous comprendrez que la paix résidait toujours là, sous vos angoisses.

Mes paroles vous paraissent peut-être brutales, voire exagérées, mais croyez-moi, ce que j'ai décrit est devenu réalité pour maintes âmes exceptionnelles. Il va sans dire que tous les consommateurs de marijuana présenteront les symptômes que j'ai mentionnés ; c'est l'état auquel cette dépendance les mènera éventuellement s'ils ne s'alignent pas sur les objectifs de leur incarnation.

Se guérir des drogues

Nous aimerions bien être en possession d'une potion à cet effet, mais c'est surtout l'information juste et la connaissance adéquate des faits qui importent. La pression des pairs a joué un rôle très négatif dans la société. Cette pression vous incite à renoncer à votre pouvoir et à vos valeurs afin d'éviter d'être « différents » ou pour être « acceptés » par les autres. Je vous dis : osez être différents ! C'est là un signe de maturité et de souveraineté.

Il est malheureux de constater qu'en de nombreux pays, les forces sombres ont influencé les enfants indigo et violets ; elles les ont attirés ou rendus accros à ces substances addictives afin de capturer leur âme et d'entraver la prodigieuse contribution et la merveilleuse sagesse qu'ils étaient censés apporter à la planète. C'est un piège où s'empêtrent beaucoup trop de jeunes de ce monde. Presque toutes ces âmes inestimables sont venues à cette époque de transition de la Terre en vue de réaliser des missions d'envergure. Nous savons qu'un grand pourcentage de ces enfants uniques s'éveillera au moment opportun ; cependant, pour ceux qui n'y parviendront pas, l'abus de drogues et la dépendance marqueront une déchéance de la conscience et une régression majeure en termes d'évolution.

Et devinez ! Un ex-toxicomane n'a-t-il pas son pareil quand il s'agit de persuader les autres de rester abstinents ? Sans l'ombre d'un doute, le moment est désormais venu pour les âmes incarnées sur terre de choisir : renoncer à la drogue ou quitter leur incarnation actuelle à destination d'une autre sphère d'évolution de moindre envergure afin d'apprendre leurs leçons. Nous présumons que nombreux seront ceux qui, confrontés à cette décision, feront un choix opportun. Vous vivez au sein d'une société évoluant sur une planète douée du libre arbitre, où les gens peuvent librement faire leurs expériences et expérimenter à partir de leurs choix. Et n'oubliez pas, toutes les décisions que vous prenez au jour le jour et les intentions que vous entretenez en votre cœur et votre esprit ont des conséquences importantes pour vous dès maintenant et en auront dans l'avenir.

Priez pour ces enfants uniques, afin qu'ils bénéficient de la grâce et de l'intervention divines ! Nous enjoignons à ceux qui liront ces lignes ou qui en entendront parler d'entourer la jeunesse de ce monde d'un tourbillon d'amour, de flammes bleues et violettes, pour les protéger et faire en sorte qu'ils obtiennent le secours des archanges. Il s'agit ici d'une méthode spirituelle hautement efficace. Si vous connaissez un consommateur de drogues ou des enseignants ouverts aux concepts de conscience supérieure, offrez-leur cette information ou expliquez-leur ce qu'ils sont en mesure de comprendre. Partagez votre sagesse avec eux. L'information et la connaissance restent les meilleurs outils. Il n'est pas permis d'interférer avec le libre arbitre de qui que ce soit, mais il est possible d'offrir le don de la connaissance. Celui-ci permettra à toute personne d'effectuer un choix « éclairé ». Peut-être pour la première fois.

Une nutrition saine pour le corps et l'âme

Nombre de gens croient que les drogues conduisent à une voie spirituelle avancée, parce qu'elles procurent des expériences de réalités autres. Ils ignorent toutefois qu'elles les amènent à des degrés inférieurs du plan astral, qu'ils n'obtiennent pas les expériences du plan éthérique qui ennoblissent, en ce lieu où réside la conscience supérieure. Il existe une différence très grande entre le plan astral et la sphère éthérique. L'expérience qui découle de cette dernière commence à partir des degrés supérieurs de la quatrième dimension puis devient plus totale à la cinquième dimension et au-delà, dans ce que nous nommons « royaumes de lumière ». Quant au plan astral, il est également appelé plan de la dualité, de léthargie ou d'inconscience spirituelle ; c'est un lieu où peu de lumière pénètre, où la vérité et la nature divine sont inconnues. On peut aussi dire que c'est une sphère de profonde illusion, car dans certaines régions ce plan reproduit les apparences fallacieuses avec beaucoup plus de réalité que ce qui est en vérité. Le plan astral est toujours déviant, déformé, séduisant et mensonger.

Par ailleurs, il comporte plusieurs niveaux, allant du plus élevé au plus bas, « le fond du fond ». Lorsqu'on absorbe une drogue récréative quelle qu'elle soit et que l'on goûte à une expérience agréable, c'est peut-être une indication qu'on est parvenu à un degré un peu plus élevé du plan astral ; en revanche, il s'agit toujours du même plan. Jusqu'à ce que cette sphère soit entièrement purifiée de toute négativité et des émotions humaines, les vibrations qui y règnent ne pourront jamais mener qui que ce soit très haut sur les vagues de lumière, ni même les rapprocher vaguement du plan éthérique. Ainsi, l'abus de drogues n'induira jamais une expérience de la lumière à moins que les substances porteuses de vibrations propices ne soient employées « adéquatement ». Et celles-ci, enfants chers à mon cœur, sont à peu près disparues de la surface et rarissimes.

Les enfants de la plus récente génération sont brillants et doués de facultés extrasensorielles. Ils savent si on leur dit la vérité ou si on leur ment. Ils naissent pourvus de capacités perceptuelles différentes des vôtres dans la plupart des cas. Nombre d'entre eux seront aptes à pressentir l'authenticité de cet enseignement et l'adopteront sans ambages. Malheureusement, presque rien n'a été publié sur les conséquences spirituelles de l'abus de drogues. Quelques écrits éclairant la question ont été publiés, mais l'essentiel de l'information n'a pas été vraiment compris ou, alors, on l'a caché.

Les enfants de ce monde, des tout jeunes aux plus âgés, ont besoin de ces renseignements. Plusieurs parents se montrent trop indulgents à leur égard et restent mal préparés à leur rôle parental. Ils sont trop souvent préoccupés par eux-mêmes ou absorbés par les impératifs du quotidien. En général, les petits ne reçoivent pas de leur part la sagesse spirituelle dont ils ont besoin en bas âge afin de grandir et de mûrir en tant qu'êtres divins vivant une expérience incarnée.

Les enseignements de sagesse authentique ont été entièrement abolis de la surface. Voilà pourquoi tant d'informations nouvelles déferlent en provenance de plusieurs dimensions et systèmes stellaires, ainsi que de la Terre et de plusieurs royaumes grâce aux *channels*, afin d'amener l'humanité à retrouver son chemin vers la Source et l'unicité. La destruction de la bibliothèque d'Alexandrie au début de l'ère chrétienne a contribué à maintenir la race humaine dans l'ignorance. Cette merveilleuse bibliothèque contenait plus de 400 000 ouvrages renfermant l'authentique sagesse accumulée et préservée comme sacrée sur une longue période d'évolution terrestre ; après sa disparition, l'humanité a plongé dans une nouvelle ère de ténèbres où elle est demeurée plusieurs siècles.

Ceux qui ont orchestré l'anéantissement de cette précieuse collection de sagesse et de connaissances spirituelles destinées à la planète furent d'abord très satisfaits d'eux-mêmes. Dans leur soif de pouvoir et de contrôle, ils s'étaient persuadés que leur geste était philanthropique, qu'il libérerait les gens des enseignements mêmes censés leur montrer la voie vers une existence d'amour, d'aise et de grâce et vers le salut de leur âme. La destruction de ces annales sacrées s'est avérée une perte immense et représente une sérieuse régression dans l'évolution de votre civilisation ; ce ne fut certainement pas un acte exemplaire. Les responsables de l'extinction de tels trésors furent les instruments de forces obscures dont les intentions étaient pernicieuses. À ce jour, ils paient encore le karma de leurs actions.

En général, les toxicomanes ne sont pas enclins à donner à leur corps ce dont il a besoin pour conserver son équilibre et sa vitalité. Et les déséquilibres physiologiques qui s'ensuivent ne les incitent pas ensuite à modifier leur comportement. Ils souffrent de malnutrition, et c'est peu dire. Mal alimenter son corps et ne pas le nourrir régulièrement sont des effets de la haine contre soi-même et du déni dont souffrent les habitués des drogues, qui n'accordent pas à leur personne de valeur divine et n'apprécient pas non plus l'opportunité que cette vie leur offre. Le corps doit être sustenté quotidiennement et plusieurs fois par jour par des aliments naturels et nourrissants ayant préservé un maximum de force vitale. La majorité des toxicomanes survivent en adoptant un régime de malbouffe complètement dénué d'éléments nutritifs essentiels à l'équilibre du corps.

L'impact des drogues sur les chakras

En réalité, lorsque vos chakras sont de plus en plus abîmés par ces substances nocives, ils se ferment à la lumière. Les drogues provoquent plutôt un affaiblissement progressif et une déchirure ou un désalignement du système des chakras, qui ne parviennent plus alors à contenir autant de lumière et s'imprègnent graduellement de négativité. Voilà pourquoi j'ai expliqué que dix vies pourraient être nécessaires à la guérison des déséquilibres.

Bien sûr, ce ne sera pas forcément le cas pour tous, mais plusieurs auront à subir ce sort. Lorsque le système des chakras est rempli d'une grande négativité en provenance du plan astral et que la lumière s'assombrit à un tel point, la force de guérison permettant de réparer les déséquilibres ne réside plus dans les chakras et l'âme touchée naît le plus souvent affligée d'incapacités physiques ou psychologiques graves au cours des incarnations subséquentes. Avec le comportement approprié, l'amour de soi et la volonté de s'améliorer d'incarnation en incarnation, chacun verra la lumière se rétablir dans ses chakras, et la guérison aura lieu. L'âme reviendra au point d'évolution où elle était dans l'incarnation où elle a eu recours aux drogues.

Quand une âme naît nantie d'une telle brillance, comme la génération d'aujourd'hui, et qu'elle choisit délibérément d'assombrir sa lumière et de renoncer à son objectif et à son destin au profit de n'importe quelle dépendance, la même mesure de grâce ne lui sera pas accordée de nouveau. En tant qu'âmes, ces enfants devront mener une existence dépourvue du réconfort de la merveilleuse lumière qu'ils portaient depuis tant de vies, jusqu'à ce qu'ils assimilent leur leçon et se réalignent enfin. C'est la raison pour laquelle il est dit que les âmes qui se hasardent à faire usage des drogues entreprennent un voyage douloureux qui se poursuivra pendant plusieurs existences.

❧

Vous savez maintenant que les dépendances et l'abus de drogues ont été implantés ici-bas selon un plan des forces obscures ; celles-ci sont plus résolues que jamais à contrecarrer l'expansion de la lumière en votre monde et à empêcher un maximum d'âmes de franchir le seuil de l'ascension en cette vie. Vos enfants exceptionnels seraient pourtant en mesure d'y parvenir si facilement et sans souffrir ! Ils ont pris naissance munis de tous les outils nécessaires pour atteindre l'illumination et la libération spirituelle aisément et avec grâce.

Tant d'enfants dépendants des drogues ont besoin désormais du secours d'adultes éclairés qui possèdent une sagesse plus vaste ! Ils doivent comprendre que le moment est venu pour eux de décider de ce que sera leur incarnation. L'énergie nouvelle qui inonde actuellement la planète n'alimentera plus ce type de conscience. On accordera à ces enfants l'occasion et une période de grâce afin qu'ils s'alignent et se guérissent entièrement ; ainsi ils pourront entrer dans le nouveau monde en compagnie du reste de l'humanité. Mais ils doivent savoir, il faut le leur enseigner, que la décision finale leur reviendra ; personne ne pourra la prendre à leur place. Ceux qui choisiront de quitter leur corps prendront conscience, une fois passés de l'autre côté du voile, de la prodigieuse chance qui leur a échappé. Ils n'assisteront pas aux somptueuses réjouissances offertes en 2012 à l'humanité qui ascensionnera ; ils auront perdu bien davantage encore.

La connaissance, mes amis, la connaissance et la compréhension sont les outils les plus importants en cette époque.

Accorder ces dons à ceux qui n'ont pas eu la chance de les recevoir de la part de ceux qui les ont éduqués constitue un véritable geste d'amour et de compassion.

Les plantes originelles et leur usage à Telos

Plusieurs de ces plantes ont été préservées, et nous avons aussi des substances végétales qui favorisent le développement spirituel, mais il va sans dire que nous ne les fumons pas. Nous n'en avons d'ailleurs pas besoin. Notre stade actuel de conscience n'a que faire des propriétés de ces plantes. Nous les gardons en guise de décoration, car quelques-unes sont d'une exquise beauté, et nous les cultivons pour leur attrait, leur grâce, comme tant d'autres espèces.

Plus tard, nous seconderons peut-être certains d'entre vous dans leur ouverture en leur enseignant « le bon emploi » d'une ou deux de ces plantes, mais cet enseignement ne sera pas destiné au grand nombre. Il ne sera pas en promotion sur le marché et ne s'adressera assurément pas à ceux qui sont intéressés par leurs contreparties corrompues.

Il est tout à fait déplorable qu'une génération entière de Terriens soit assujettie à cette expérience de la drogue. Gardez à l'esprit qu'il s'agit du plan ultime des forces maléfiques d'anéantir cette génération sur le plan spirituel, de l'asservir autant que possible. Consentirez-vous à ce qu'une telle catastrophe ait lieu, ou vous éveillerez-vous à votre véritable nature et à la raison de votre venue ici ?

La marijuana et son utilisation à des fins médicales

Employée à des fins médicales et avec sagesse, cette drogue sert un but différent. Certains malades hospitalisés affligés de douleurs atroces présentent déjà des dommages physiologiques irréparables. Ils absorbent des sédatifs, par exemple, de la morphine ou du Démérol, des substances visant à atténuer ou à enrayer la douleur. Ces produits engendrent aussi la dépendance, altèrent l'état de conscience et abaissent les vibrations des malades jusqu'à celles du plan astral. La marijuana n'est pas plus nocive, peut-être l'est-elle moins que ces médicaments ; on peut l'employer comme anesthésique efficace.

Par contre, chaque âme incarnée doit apprendre tôt ou tard, au fil de son évolution, comment se guérir elle-même. Au cours des prochaines années, plusieurs humains quitteront leur incarnation sans s'être au préalable guéris ; ils devront poursuivre leur évolution sur une autre planète jusqu'à ce qu'ils apprennent à corriger leurs déséquilibres. Plusieurs autres planètes sont disposées à les accueillir ; on leur enseignera ce qu'ils ont refusé d'apprendre à ce jour et ils bénéficieront de circonstances idéales. Ils auront aussi l'éternité pour évoluer comme bon leur semble ; leur libre arbitre sera respecté.

La prise passagère de marijuana comme ordonnance médicale contre la douleur, par exemple deux semaines après une chirurgie, n'est pas susceptible d'entraîner les dommages expliqués plus haut. Ceux-ci découlent plutôt de plusieurs années de consommation superflue de drogues comme mode de vie, comme dérobade aux leçons et aux défis de l'incarnation ou comme une manière de se soustraire à ses responsabilités année après année. Et même maintenant, quelques personnes ayant fait usage de drogues des années durant ont cessé et sont en voie de guérison. Une grâce infinie leur est accordée ; elles réussiront.

La guérison de la dépendance

Tout d'abord, ceux qui ont renoncé à leur dépendance – dont quelques-uns par la méthode radicale – et qui s'arment d'une résolution ferme de se rétablir reçoivent de grandes bénédictions et le secours de la providence. Il est capital qu'ils invoquent chaque jour la lumière bienfaisante de leur âme et qu'ils se reconnectent à leur Soi éternel, leur vaste JE SUIS. Un retour à un régime alimentaire sain et naturel et la méditation active leur redonneront l'équilibre et faciliteront ce processus. À l'époque actuelle, la grâce sur cette planète est accordée exceptionnellement à tous ceux qui cherchent sincèrement et de tout cœur à guérir l'ensemble de leur être. En premier lieu, chacun doit prendre la décision de s'en sortir. Une fois que l'âme accoutumée à la drogue depuis des années s'est résolument engagée à vie à rester sobre, les anges de la grâce divine demeurent à ses côtés.

La présence JE SUIS en votre être souhaiterait que « vous », son extension sur terre, vous aligniez, mais si vous ne le faites pas, ce n'est pas grave. Il y aura une autre vie, puis une autre encore, et d'autres planètes où votre évolution tridimensionnelle se poursuivra, comme elle a continué sur cette terre depuis des millions d'années. Cette option s'achève désormais en votre monde ; vous n'avez, littéralement, plus de temps. La question qu'il faut vous poser est celle-ci : « Suis-je disposé à affronter ailleurs les défis et les leçons de la troisième dimension pendant dix existences ou plus, à vivre douloureusement une séparation d'avec mon Soi véritable ? Ou est-ce que je préfère l'ascension avec la planète et le reste de l'humanité, à goûter la gloire et la liberté que cette ascension me procurera ? »

Et j'aimerais ajouter : « Souhaitez-vous y parvenir prochainement, dans les années qui viennent, ou attendre le cycle d'ascension suivant, qui durera peut-être dix mille ans sur une autre planète, dans des circonstances beaucoup moins intéressantes ? »

L'alignement divin et les énergies ascensionnelles

Ceux qui sont persuadés de s'ouvrir plus rapidement ou de progresser plus aisément avec l'aide de drogues s'illusionnent totalement. Certains ont réussi à ouvrir partiellement leur troisième œil grâce aux drogues ; j'affirme cependant qu'il ne s'agit pas de l'authentique clairvoyance acquise par la discipline de l'âme sur la voie de l'ascension et de l'illumination. Il n'y a pas de raccourci. Afin de se qualifier pour l'ascension, chacun doit effectuer ses devoirs spirituels avec les vibrations d'amour et de lumière, résoudre tous ses conflits émotifs et épurer son bagage karmique, et être disposé à servir la planète d'une manière ou d'une autre. Tous les candidats doivent se préparer consciemment, peu importe ce qu'exige la voie du continuum individuel de leur existence.

Par ailleurs, les gens qui ont développé certaines perceptions extrasensorielles grâce aux drogues devront accepter de perdre temporairement leurs facultés, car ces ouvertures ne sont pas alignées avec l'authentique clairvoyance ; elles ne sont que la découverte de vibrations inférieures. Toute ouverture légitime doit provenir de la bénédiction du Soi éternel, ou JE SUIS, de chacun lorsqu'il sera prêt ou que le moment prédestiné de sa voie sera venu. Je vous assure que près de la moitié des gens qui ont acquis ces facultés exceptionnelles ne doivent pas ces dons à la providence ; chez plusieurs, ces dons engendrent une dissociation et une illusion plus graves encore. Je vous demande, chers amis, de vous montrer prudents, de faire appel au discernement, de ne pas tomber dans un piège ! Dépendre exclusivement de moyens extérieurs pour atteindre l'alignement spirituel ne conduira jamais à un véritable éclat spirituel ; cela mènera plutôt à une ombre de « l'authentique vérité » qui demeure tapie dans les confins du cœur sacré. Sans l'intervention de la providence, sans la sublime lumière nouvelle qui inonde si généreusement votre planète en provenance du Créateur, la Terre et l'humanité connaîtraient aujourd'hui un scénario bien différent. La génération actuelle pourrait se voir totalement anéantie sur le plan spirituel, et Gaia serait dévastée et régresserait par rapport à sa destinée ultime. Voilà pourquoi tant d'écrits reçus par *channeling* sont diffusés partout où ils sont susceptibles d'être compris. Le réseau Internet déborde d'informations gratuites que plusieurs artisans de la lumière dévoués partagent de tout cœur avec autrui.

Dans votre monde, d'aucuns préfèrent croire que tous vont ascensionner sans condition aucune, avec leur bagage karmique non résolu. Je vous assure que tel ne sera pas le cas. Il est vrai que chacun ascensionnera tôt ou tard, mais peut-être pas en cette vie ni à partir de cette sphère. Je répète ce message capital à l'intention de la jeunesse du monde et des adultes plus âgés : « Renoncez à l'herbe, ou il vous faudra peut-être renoncer à cette planète. Accueillez votre nature divine avec tout l'amour qui constitue votre être véritable, et vous vous retrouverez peut-être bientôt ailleurs, dans un autre univers, à poursuivre votre évolution. L'époque du laisser-aller est désormais révolue. »

Ceux qui se détournent de leur destin, qui mutilent leurs chakras, ruinent leur santé et voilent leur lumière par la drogue ou toute autre substance toxique auront systématiquement à rendre des comptes. Il est encore temps pour chacun de se guérir, s'il le choisit. Il n'est pas trop tard, puisque la grâce divine offre cette opportunité à la Terre.

L'essence de ce que nous cherchons tous, c'est l'amour divin et la délivrance de la souffrance. La voie de la plénitude devient beaucoup plus aisée lorsque l'amour de soi nous accompagne.

Je vous remercie de votre intérêt et de votre affection. Ce fut pour moi un grand plaisir de communier avec vous en ce jour.

CHAPITRE 6

Relations amoureuses et sexualité à Telos

Adama

Salutations, mes amis ! C'est un véritable plaisir pour moi et mon équipe de passer un moment avec vous au sein de votre champ d'énergie. Le désir qui nous tient le plus à cœur est d'apporter une meilleure compréhension des lois divines et de leurs applications aux peuples de la surface.

Notre façon de vivre à Telos ne diffère pas tellement de celle des autres communautés galactiques dans ce système solaire ou cet univers. Bien que certaines civilisations sur d'autres planètes aient un mode de vie différent du nôtre, unique et favorable à leurs objectifs et à leur évolution, les lois universelles s'appliquent également à tous. La manière dont s'exprime la vie peut varier grandement d'une civilisation à l'autre, mais les principes essentiels sont les mêmes pour tous. On peut appeler ce phénomène « unité de conscience » ou « conscience universelle ».

Les relations amoureuses et la sexualité à Telos reflètent une conscience beaucoup plus évoluée et mûre que la vôtre, car nous comprenons mieux les diverses applications de l'amour. En premier lieu, toute liaison vise à une union fusionnelle dans le cadre d'une ouverture à l'amour divin. À la surface, les liens amoureux sont fondés, depuis fort longtemps, sur une conscience dualiste. Cependant, vous vous lassez progressivement de ce type de rapports stériles qui ne comblent pas vos cœurs. Ces relations que vous entretenez sont source, dans la plupart des cas, de souffrances à divers degrés, d'insatisfactions affectives et de déceptions de toutes sortes. Vous aspirez désormais très ardemment à acquérir une juste compréhension de ces amours. Plusieurs d'entre vous prennent maintenant conscience de la réalité déformée dans laquelle on les a programmés. Cela étant, ils s'ouvrent à eux-mêmes et équilibrent les polarités masculine et féminine de leur être.

Sachez d'abord que tout commence par vous ; *votre conjoint(e) n'est qu'un miroir vous permettant d'évoluer et d'apprendre.* Personne ne peut vous aimer davantage que vous-même en toute sincérité ; et vous ne pouvez aimer personne d'autre d'un amour véritable plus que vous ne vous aimez. Songez-y. Si au départ vous cherchez quelqu'un pour vous donner l'amour que vous n'êtes pas disposé à vous donner, c'est que vous avez besoin d'attention et présentez alors un déséquilibre négatif par rapport au type de relation auquel vous aspirez. Cet amour sera alors fondé sur un besoin personnel plutôt que sur un désir d'union. Ceci, mes amis, ne fonctionnera jamais ; du moins, pas pour très longtemps. N'oubliez pas que, dans un rapport déséquilibré, chaque partenaire renvoie à l'autre ces perturbations qui découlent d'un manque, de la possessivité, d'attentes irréalistes, du contrôle, etc. Vous connaissez mieux que nous le chapelet entier des doléances que tous récitent dans votre dimension à propos des relations amoureuses.

Chaque fois que deux personnes sont unifiées, qu'elles se sentent comblées en elles-mêmes du fait d'avoir équilibré les polarités féminine et masculine divines, elles sont amoureuses d'elles-mêmes au point de n'avoir nul nécessité de quelqu'un d'autre pour satisfaire leurs besoins affectifs et amoureux. Elles se sentent heureuses, elles réussissent dans la vie et dégagent une joie de vivre, qu'elles aient ou non un partenaire. Elles ne ressentent pas le manque d'amour et le vide intérieur qu'éprouvent ceux qui ont besoin d'attention et qui souffrent de déséquilibres.

Une fois cet équilibre atteint, et seulement alors, la présence JE SUIS en votre être émettra le signal permettant que la relation amoureuse qui vous convient soit dans votre vie si tel est votre désir et si c'est là votre voie. Cette « union divine », cette flamme jumelle de votre cœur dont vous rêvez depuis si longtemps pourra se manifester dans votre vie uniquement par l'intervention ou la convocation de votre présence JE SUIS, ou Soi supérieur.

Je l'ai déjà mentionné dans d'autres écrits, mais je le répète : *à Telos, nous respectons notre nature divine au point que nul parmi nous n'accepterait jamais une relation amoureuse qui n'assouvirait pas totalement tous les plans de son être.*

Chez nous, dans les rapports sociaux, chacun est considéré comme l'égal de l'autre et nous rendons un hommage mutuel à notre nature divine et à nos voies spirituelles. Bien que votre société change peu à peu et que les femmes estiment que le potentiel féminin est de part égale dans la relation, trop d'entre elles tolèrent encore la domination, la maltraitance physique et verbale, la négligence, les atteintes à leur intégrité par l'énergie masculine, car elles croient que c'est là leur dû ou la norme. Même aux États-Unis, ces idées persistent toujours, et de façon encore plus marquées dans nombre d'autres pays où les femmes n'ont aucun droit. Vous savez à quoi je fais référence ; vous avez tous lu les journaux ou regardé les informations à la télévision.

Dans toutes les sociétés évoluées, dont la nôtre, les hommes et les femmes reconnaissent qu'ils sont chacun un aspect de Dieu. La femme représente la mère divine et l'homme, le père divin. C'est pourquoi la sollicitude et le respect sont le fondement même du couple. Ceci ne veut pas dire que les partenaires doivent toujours être d'accord sur tout ; toutefois, si les désirs ou les points de vue ne convergent pas, chacun respecte l'opinion de l'autre et ils ne se querellent pas à ce sujet. Ils ne s'attachent pas à prouver qui a raison ou tort, et leur amour ne diminue pas à cause de leurs différends.

Les couples passent ensemble autant de temps qu'ils le souhaitent ; ils ont tout le loisir de s'occuper l'un de l'autre, de s'aimer et d'exprimer leur appréciation mutuelle. Puisque nous ne travaillons que quatre heures par jour, cinq jours par semaine et que nous disposons du reste de la semaine à notre guise, nous avons tout le temps voulu pour passer du temps en couple à la maison ou dans des soirées ou des réunions artistiques au sein de notre communauté. Personne n'étant jamais pressé, chacun a donc le temps de s'occuper de l'autre de manière créative et de le combler de petites attentions, de tendresse et d'affection. Le désir et l'acte sexuel s'expriment comme ils le veulent, chaque fois dans un contexte merveilleux et serein.

Les relations amoureuses à Telos ne sont pas sujettes aux difficultés matérielles qu'entraînent la survie et l'argent qui sont votre lot à la surface. Les rapports entre hommes et femmes ne comportent pas le degré de stress des vôtres ; il est donc plus facile de préserver l'harmonie et l'amour. En raison de notre amour, de notre conscience développée et de notre respect de la Terre, un apport incessant de vivres et de biens en provenance de l'univers comble tous nos besoins ; dans un avenir imminent, vous connaîtrez aussi une telle abondance.

Nous n'avons pas à gagner l'argent pour payer le loyer, nourrir les enfants, régler les frais médicaux et nous ne sommes pas assujettis à de lourds impôts. Les commodités sont gratuites pour tous. La tyrannie disparaîtra de votre monde d'ici à dix ans, du moins nous l'espérons, et le stress que vous subissez globalement devrait diminuer considérablement.

Les liens amoureux entre jeunes adultes et adolescents

Les relations expérimentales sont permises parmi les jeunes, car leurs hormones sont particulièrement actives et ils manifestent une urgence de s'aventurer dans ce domaine. Nous ne les contraignons pas à réprimer leurs désirs naturels. Quand ils atteignent l'âge de treize ou quatorze ans, nous les autorisons à expérimenter la sexualité entre eux – mais toujours sous la supervision des prêtres. Ces êtres d'une grande sagesse préparent notre jeunesse à se montrer mature et responsable en ce qui a trait aux relations sexuelles. On permet ensuite aux adolescents de faire par eux-mêmes l'expérience de ce qu'on leur a enseigné. Leur sexualité s'exprime toujours avec pure joie et délices. Tôt ou tard, leur besoin d'avoir plus d'un partenaire se tempère, jusqu'à ce que naisse le désir mûr d'un engagement. De ce fait, nos jeunes adultes à Telos sont libres d'expérimenter leur sexualité ; il s'agit d'un aspect du processus de croissance.

Comme il est expliqué dans le premier livre, vient un temps où deux âmes destinées l'une à l'autre s'uniront – peu importe les raisons – afin de poursuivre un apprentissage spirituel ensemble, soit par affinité, soit par une forte attirance entre elles. Il s'agit généralement d'un engagement à évoluer davantage et non pas forcément à se lier l'un à l'autre en permanence. Lorsque deux âmes s'allient par les liens du mariage, chacune rend hommage à l'autre comme partie d'un tout divin ; ces relations amoureuses présentent rarement des tensions et sont susceptibles de se poursuivre des années durant, voire plusieurs siècles.

Si, à un certain stade, les deux compagnons jugent leur expérience ensemble terminée, ils se séparent en toute amitié, avec beaucoup d'affection à la suite d'un accord mutuel. Ils se disent : « Je te remercie, chéri(e), de cette merveilleuse occasion qui m'a permis de grandir au sein d'une relation avec toi et de tout ce que nous avons appris en cours de route. Je te remercie de l'amour, de la tendresse et de l'affection que nous avons partagés, de la croissance spirituelle et de la sagesse que nous avons acquise conjointement. Restons amis tout le reste de notre vie, même si nos chemins se séparent et se dirigent vers notre prochaine expérience de vie et l'évolution de notre âme. »

À Telos, les époux se montrent très tendres l'un envers l'autre. Et lorsque deux âmes sont très longtemps liées par un mariage et qu'elles sentent que leur expérience conjugale est inachevée, elles développent une affinité, même après des millénaires passés ensemble. Il s'agit généralement de flammes jumelles. Tôt ou tard, ces deux âmes adressent une requête auprès du Haut Concile lémurien pour obtenir l'autorisation de s'unir en un mariage sacré, en une union permanente. Une fois deux personnes ainsi liées, il n'y aura plus de séparation entre elles. Habituellement, elles ont passé beaucoup de temps en un mariage engagé, toujours dans une union basée purement sur l'amour source d'un contentement intégral et d'une délectation mutuelle. Les époux envisagent de demeurer ensemble à jamais ou jusqu'à ce qu'ils quittent notre société. Le mariage sacré n'autorise aucune séparation ; ce que vous nommez divorce n'est plus possible.

La manière dont nous vivons la sexualité et l'acte sexuel est quelque peu différente de vos coutumes. Nos corps n'ayant pas la même densité physique que les vôtres, nous pouvons fusionner avec l'autre beaucoup plus profondément et intimement. Quand nous nous unissons par amour, nos corps physiques ainsi que tous nos chakras fusionnent. L'acte sexuel est à nos yeux une union avec le Divin ; tous nos chakras y participent, en alignement avec le cœur, ce qui engendre une expérience sublime. L'expression de notre sexualité exige que les flammes du cœur s'éveillent d'abord.

Sur terre, seuls les deux premiers chakras s'activent lors de l'acte sexuel : ceux de la créativité et de la survie. Et si vous êtes véritablement amoureux, le chakra du cœur participera peut-être à son tour. À Telos, jamais nous ne nous livrerons à l'acte sexuel en l'absence d'un amour profond entre les deux amants ou dans le but d'obtenir quelque chose ou de manipuler l'autre.

Étant donné notre degré d'évolution, un nombre plus grand de nos chakras est activé. Nous utilisons les douze principaux, pleinement ouverts, ainsi que leurs douze sous-chakras. Au total, notre sexualité fait appel à cent quarante-quatre chakras. Quand deux êtres partagent un amour si profond, ils fusionnent en tant qu'aspects féminin et masculin du Divin, et l'énergie de cette union se réverbère dans tout le système solaire rejoignant le Dieu père/mère. Les amants marquent ainsi leur gratitude pour cet amour et la chance de ne faire qu'Un. Cet acte devient un véritable amalgame de deux cœurs qui s'allient avec l'énergie du Créateur. Voilà comment nous percevons notre sexualité.

Pratiques sexuelles déviées

Nous avons observé les scénarios sexuels sur la planète, depuis les plus élevés aux plus vils niveaux de vibration, et nous vous incitons à prendre en considération les conséquences affectives néfastes qu'entraînent les rencontres sexuelles dépourvues d'amour. Dans certains pays, on procède encore à l'excision du clitoris des petites filles afin de s'assurer qu'à l'âge adulte celles-ci n'éprouveront jamais de plaisir sexuel – l'aspect de la déesse en elles est ainsi intégralement bafoué. Les femmes de certaines sociétés sont privées de jouissance sexuelle par l'énergie masculine. Sans parler des êtres qui ont manipulé les configurations génétiques de votre planète en associant la sexualité à la reproduction.

Laissez-moi ajouter qu'un grand nombre de femmes sur cette Terre ont rejeté leur sexualité et les énergies de la déesse en elles parce qu'elles ont été humiliées, maltraitées, utilisées, profanées, violées, réprimées ou aviliés. Autrefois notamment, on a fait sentir aux femmes en général qu'elles avaient peu de valeur au-delà du simple objet sexuel ; elles étaient considérées comme un bien destiné à combler les besoins physiques et affectifs de l'homme. Le moment est venu pour les deux sexes de guérir ces blessures cruelles.

Nous sommes totalement libres de jouir de notre sexualité, affranchis du fardeau ou de l'appréhension de ces grossesses non désirées que les femmes de la surface subissent depuis si longtemps. Chez nous, la reproduction n'est possible que lorsqu'une âme est conviée intentionnellement à venir évoluer dans notre communauté ; la gestation se produit alors sur le plan énergétique dans le corps subtil, tout en se manifestant sur le plan physique. Seuls les couples unis par le mariage sacré sont autorisés à donner naissance. Quand l'un d'entre eux décide d'avoir un enfant, il se rend au temple pour discuter de ses intentions avec le grand prêtre et adresser une requête en vue de se prévaloir de ce privilège. Seuls les couples qui ont atteint un haut degré de maturité spirituelle se qualifient quand il s'agit d'amener une âme à s'incarner. Ce principe s'applique à toutes les civilisations éclairées.

Obtenir la permission d'introduire une âme nouvelle dans notre communauté est considéré comme une mission des plus nobles. Les futurs parents sont en contact direct avec un ou plusieurs candidats en provenance des royaumes de lumière. Une fois celui-ci choisi, plusieurs rencontres ont lieu sur les plans intérieurs entre l'âme à naître et les parents. Il faut de six mois à un an pour parachever les préparatifs de la conception. La voie spirituelle et les objectifs sont examinés minutieusement jusqu'à ce que tout soit fin prêt pour l'accomplissement de ce serment sacré.

Dans notre société, il est impensable d'amener un être à s'incarner sans avoir d'abord terminé les préparatifs les plus complets et minutieux. Nous avons tout à fait conscience des répercussions de la naissance d'une nouvelle âme sur notre communauté, et nous accueillons cet événement avec joie.

Une fois l'enfant conçu, au cours de la gestation de neuf semaines, les futurs parents s'installent temporairement au temple pour se préparer pleinement à cette arrivée. Durant cette période, ils partagent un amour des plus purs en écoutant une musique qui élève leurs vibrations et ils s'abandonnent sublimement l'un à l'autre. Le grand prêtre du temple, quant à lui, rend hommage et accueille l'âme destinée à devenir un membre de notre communauté. Nos enfants sont tous pleinement désirés. Au cours de la gestation, l'âme perçoit tout l'amour qui l'attend dans sa nouvelle existence. Nos enfants naissent déjà un peu plus grands que les vôtres et se développent plus rapidement. Ils grandissent en sagesse et en connaissance. Bien qu'ils subissent quelques-unes des épreuves des enfants de la surface, notamment à la puberté, ils ont accès à maintes formes de soutien qui les amèneront à mûrir en traversant ces difficultés. Nous connaissons et respectons la voie individuelle de chacun de nos enfants ; *tous sont assurés de recevoir l'attention qu'ils requièrent.*

Votre évolution vers ce même état de conscience

Cet état de conscience approche, grâce à l'affinement de la perception et à l'éveil de conscience. Ceux qui prennent connaissance de cette information en lisant ces lignes saisissent le sens et cherchent à adopter ce style de vie et à évoluer dans ce type de société éclairée. Ainsi, en vous alignant avec les principes de conscience supérieure, vous engendrez celle-ci, et elle évoluera. D'ici peu, un nombre croissant de gens s'ouvriront à cette connaissance que nous vous apportons, et à mesure qu'elle sera diffusée, vous verrez la situation changer rapidement. Vous savez bien que les intentions façonnent la réalité. Quand suffisamment de gens souhaiteront ce changement et se résoudront à créer une réalité nouvelle pour eux-mêmes et pour l'humanité, celle-ci surviendra, tout simplement. À l'heure actuelle, il est important que chacun d'entre vous devienne un ambassadeur de l'amour pour lui-même, l'humanité et la planète entière. Il est vital de partager au maximum, avec ceux qui vous entourent, les connaissances qui, à votre avis, ont amélioré votre vie. Il n'est plus temps de rester muets, ou murés dans votre cocon. Il faut que vous irradiiez l'amour, votre lumière et votre savoir vers tous ceux qui croisent votre route. Plus vous rayonnerez et ferez circuler ces révélations nouvelles, plus elles se développeront en vous et sur la Terre. Voilà comment procède l'évolution.

Nous avons remarqué, parmi les gens de langue française qui ont lu notre premier livre, une importante transformation de conscience et une soif ardente d'un style de vie éclairé. Nous avons observé que les hommes et les femmes se respectent davantage. Chacun devra accepter sa nature divine et équilibrer ses polarités, qu'il soit dans un corps masculin ou féminin ; saisissez-vous ce point ? Quand vous êtes alignés sur vos polarités internes et que vous rencontrez quelqu'un qui est lui-même aligné, vos relations amoureuses sont beaucoup plus épanouies. La connaissance et l'information justes sont des aliments susceptibles d'apporter la transformation de l'âme. Quand les gens prennent conscience de ces concepts et leur ouvrent leur cœur, l'effet domino se propage à la conscience collective. Dès lors, vous constatez les progrès sur le plan de la conscience et du mode de vie que les gens de cette planète connaîtront d'ici à quelques années.

Plus grand sera le nombre de gens qui assimileront cette information, plus rapides et importantes seront les ouvertures vers une conscience supérieure. Les concepts de principes divins demeurent encore au stade embryonnaire dans le cœur d'une minorité sur cette planète. En partageant vos découvertes avec ceux qui s'y intéressent, elles germeront et croîtront. Une fois qu'un nombre suffisant de gens aspireront à ces progrès de conscience, il sera impossible d'empêcher l'évolution, car l'énergie qui inonde la Terre à l'heure actuelle y est plus favorable que jamais. Il s'agit simplement, par des écrits et le partage, d'informer la population assoupie afin de mettre en lumière des vérités qui lui étaient voilées depuis longtemps.

CHAPITRE 7

La volonté de Dieu

Une activité du premier rayon*

Adama

Salutations, amis bien-aimés. Je vous parle aujourd'hui depuis mon élégante demeure à Telos. Auprès de moi se tient El Morya, partenaire silencieux. Nous souhaitons tous deux transmettre notre amour profond à tous nos lecteurs.

J'aimerais aborder le thème de la volonté de Dieu, comme voie « d'abandon ». Vous voyez, sans la volonté de Dieu, vous n'irez pas bien loin sur votre voie évolutive. Il s'agit du premier pas, de la première initiation à maîtriser avant de pouvoir réellement avancer vers d'autres étapes. Si vous n'êtes pas prêts à vous abandonner à la « volonté supérieure » de votre être, à la volonté de votre propre Soi divin qui cherche à vous ramener à la maison de votre perfection divine, de joie, de félicité et d'infini, au paradis perdu, comment donc croyez-vous pouvoir y parvenir ?

La volonté de Dieu n'est pas extérieure à vous. Il s'agit simplement du Dieu que vous êtes, que vous avez toujours été,

---

* Au moment de mettre sous presse, il n'a pas été possible d'obtenir toutes les informations concernant les rayons, au nombre de sept. Toutefois, étant donné l'importance de l'enseignement d'Adama, nous avons jugé nécessaire d'inclure l'information sur trois des rayons, soit la Volonté de Dieu (premier rayon), la Flamme de guérison (cinquième rayon) et la Flamme violette de liberté et de transformation (septième rayon). (NDE) en dépit du fait que vous l'oubliez en incarnation. Votre présence JE SUIS est totalement omnisciente, omniprésente et omnipotente, et le « vous » qui a oublié est une prolongation du JE SUIS qui vit tout simplement une expérience humaine éphémère. Et ce JE SUIS de votre être est venu ici-bas avec un plan – le perfectionnement de l'âme, l'épanouissement de sa nature divine jusqu'à la plénitude d'une plus grande maîtrise et sagesse. Il cherche l'illumination avancée, la liberté spirituelle totale et à devenir un Dieu illimité dans tous les plans de l'existence. Ce projet en est un d'amour pour le Soi, ce Soi qui n'est autre que « vous ». Plutôt que de chercher à atteindre les objectifs pour lesquels vous vous êtes incarnés, vous préférez vous empêtrer dans les affaires terrestres, celles qui touchent la voie et l'évolution de votre âme représentant le moindre de vos soucis. Eh bien, mes chers amis, quand vous faites fi des vrais buts de votre âme au profit d'entreprises terrestres fugitives, votre existence reflète autre chose que l'expérience que vous aviez envisagée sur terre ; une fois de retour de l'autre côté du voile, il y aura toujours d'amers regrets et un ardent désir de retrouver l'occasion de répondre aux souhaits de l'âme. Et pourtant, votre Dieu, dans son infinie patience et compassion, vous a accordé à tous des centaines de milliers de ces opportunités, mais, en ce qui concerne bon nombre d'entre vous, chaque fois qu'ils sont venus ici-bas, ils ont préféré oublier les raisons de leur venue.

Vie après vie, vos objectifs n'ont pas été réalisés, et voilà pourquoi vous êtes encore confrontés à tant de difficultés au lieu de goûter la félicité des royaumes lumineux. Vous avez choisi de revenir encore et encore pour revivre des existences de plus en plus pénibles jusqu'à ce que vous vous abandonniez enfin aux aspirations de votre âme. Votre propre Soi divin vous a vus souffrir, chercher et peiner pendant tant de vies ! Il a été témoin de vos souffrances, de votre désespoir, de votre impuissance, de vos peurs, de vos doutes, de vos hontes et de vos terreurs, et il désire vous ramener à la maison, vers la liberté, l'amour, l'état de maître, l'unicité, vers tout ce que vous êtes en tant qu'êtres divins. Il aspire à tout cela mais ne peut rien vous imposer, car il doit obtenir votre assentiment et votre collaboration. Cela exige que vous acceptiez tous les aspects en vous que vous aviez négligés ou détestés. Votre Soi divin vous invite à vous « abandonner » à la voie qui s'ouvre devant vous, jour après jour, avec amour et confiance, de sorte que par votre abandon aimant, pas à pas, il puisse vous montrer le chemin qui mène au « soleil de votre être », de votre perfection divine. C'est pourquoi s'abandonner à la volonté du Soi divin constitue une telle grâce pour soi-même. Vous en serez d'ailleurs les ultimes bénéficiaires. Un jour, vous chercherez la raison pour laquelle vous avez attendu si longtemps avant d'accueillir l'amour de votre être. Vous comprendrez qu'il n'était pas nécessaire de tant souffrir, que seule votre résistance à l'amour a engendré les peines et les souffrances qui vous ont affligés. Moi, Adama, je vous le dis : *Le moment est désormais venu d'adopter une manière de vivre qui vous servira bien au lieu de vous diminuer.*

Quand vous capitulez, c'est par l'ego humain, le moi insignifiant, l'aspect dissocié de vous-mêmes que vous remplacez peu à peu les parcelles du Soi plus vaste qui forme votre identité véritable. À mesure que l'âme s'abandonne aux processus de purification et de guérison, sans jugement, sans peur, avec une confiance absolue, vous pouvez franchir le processus plutôt rapidement, beaucoup moins désagréablement que si vous luttiez jusqu'au bout. Quand vous opposez une résistance à ce qui vaut mieux pour votre voie, votre âme consent alors à vous donner ce que vous voulez pendant un certain temps seulement, jusqu'à ce que vous ne puissiez plus le supporter. Le temps importe peu pour elle, mais nous, maîtres de la lumière, savons que tous vous avez souffert sur cette planète assez longtemps et, pour cette raison, nous vous convions à une destinée plus heureuse.

À Telos, nous suivons avec intérêt les réactions de milliers de gens qui ont pris connaissance de notre enseignement en lisant notre premier ouvrage. Parmi eux, bon nombre, sinon tous, ont vécu une ouverture du cœur. Leur mémoire s'est réveillée et nous avons été témoins des larmes d'espérance et de nostalgie que la plupart ont versées en parcourant ces données qui décrivent notre vie à Telos et dans la nouvelle Lémurie. Ils ont tous pris conscience qu'un autre mode de vie est non seulement possible sur terre, mais en voie de se concrétiser pour ceux qui acceptent l'amour du Soi. Si nous avons atteint le niveau de la grâce divine que nous connaissons aujourd'hui, c'est uniquement parce que, il y a fort longtemps, nous avons aussi eu à nous « abandonner » à la volonté céleste. Ce faisant, notre vie est progressivement passée d'une splendeur à une gloire plus grande encore. Et voilà ce que nous vous invitons aussi à faire en ce moment, avec notre coup de main. Nous avons déjà cheminé sur ce chemin, tels des éclaireurs, afin que vous puissiez suivre nos traces en nous tenant la main. Puisque nous vous prêtons main-forte, la voie sera beaucoup plus aisée qu'elle ne l'a été pour nous. Pour ceux qui désirent se joindre à nous et jouir du type d'existence que nous menons, la voie de l'amour et de l'abandon représente la clé du retour à leur domicile céleste.

Laissez-moi décrire notre passage à la lumière, il y a 12 000 ans de cela. Vous serez peut-être étonnés de découvrir qu'après la destruction de notre continent, il nous a fallu résoudre nos problèmes exactement comme on l'exige de vous à l'heure actuelle. Et nous avons eu à le faire dans des circonstances beaucoup plus difficiles et souffrantes que celles que vous avez à affronter à ce jour puisque, en une seule nuit, nous avons perdu tout ce à quoi nous nous étions toujours identifiés en Lémurie. Et plus douloureux encore, nous avons été brutalement séparés de presque tous ceux que nous avions aimés. La splendeur de la Lémurie, le travail de siècles entiers, les éléments de notre vie quotidienne s'étaient soudainement volatilisés. Il ne nous restait que « nous », l'aspect divin du Soi auquel il fallait s'abandonner afin de recevoir de nouveau « tout » du Créateur. Telos n'était pas la cité glorieuse et somptueusement belle d'aujourd'hui. Loin de là ! C'était alors une immense grotte au creux de la montagne que nous avons convertie en une ville afin de sauver un petit pourcentage de notre population et les vestiges de notre civilisation. Du point de vue du développement, cette cité était plutôt primitive par comparaison à la beauté et au confort de la surface, et très loin de ce qu'elle est maintenant.

En une seule nuit, il nous a fallu accepter un niveau de vie de beaucoup inférieur ; nos difficultés durèrent longtemps. Avec grand courage et détermination, nous avons poursuivi la reconstruction de notre cité pour nous abriter et offrir un point d'ancrage aux générations futures qui allaient renaître au sein de la civilisation lémurienne. Après avoir tout perdu, sauf nous-mêmes, nous avons travaillé dur pendant des siècles à guérir les blessures de nos pertes et à façonner une structure nouvelle et plus stable. Plusieurs ouvrages seraient nécessaires pour relater les épreuves que nous avons eu à surmonter.

Notre retour à la maison, il y a très longtemps, mes chers amis, ne fut pas aussi simple que vous l'imaginez. Par rapport aux obstacles que nous avons eu à affronter, vous êtes tous sur des « avenues fleuries ». Nous vous demandons donc de ne pas vous décourager devant ce que vous avez à vivre, de vous abandonner tout simplement au processus en acceptant délibérément les événements imminents. Ces derniers visent à vous délivrer des chaînes que vous avez forgées. Ouvrez votre cœur à l'amour et ayez confiance que votre passage à la lumière ne s'opérera pas sans effort conscient. Chose certaine, les récompenses offertes à ceux qui persisteront jusqu'au bout seront toutefois magnifiques.

❦

La volonté de Dieu est aussi une activité du premier rayon. Elle est semblable à un paon exquis de teinte bleu royal, et sa fréquence est vibrante, vivante et purificatrice. Par ailleurs, elle est aussi connectée à ce que nous appelons « le cœur de diamant ». Comme cette gemme, l'abandon à la volonté divine présente plusieurs facettes. L'archange Michaël appartient au Rayon bleu et le maître El Morya relève de ce même rayon, gardien du Cœur de diamant de la volonté de Dieu.

Le Rayon bleu est aussi un rayon de vérité, celle qui a trait à votre nature divine. Il représente le pouvoir divin et le leadership, le fait de *retrouver son pouvoir grâce aux paroles énoncées et silencieuses*. Voilà pourquoi il est relié au chakra de la gorge. C'est également un rayon fort mal utilisé par la race humaine. En effet, chaque fois que vos paroles ne sont pas inspirées par l'amour et la compassion ou que vous tentez de manipuler afin d'obtenir ce que vous voulez, vous employez à mauvais escient les énergies du Rayon bleu. Et sachez que l'emploi mal avisé de cette énergie s'effectue souvent très subtilement, si subtilement en fait que vous n'en êtes même pas conscients, à moins de vous mettre à surveiller, de votre cœur, toutes vos paroles, vos actions, vos intentions, etc. Vous savez ce que je veux dire. Il vous permet aussi de vous aligner à la conscience dont vous avez besoin afin d'être conduits devant les autres maîtres. El Morya est un maître disciplinaire, et sa discipline reflète l'amour le plus profond qu'éprouve son âme envers vous tous.

Par exemple, vous avez tous été témoins, au fil des âges, des attaques lancées par diverses nations contre des territoires, des agglomérations ou des groupes moins puissants en vue de les soumettre et de s'emparer de leurs ressources. Voilà ce qu'a été l'objectif de toutes les guerres sur terre depuis des éons : un abus flagrant du premier rayon de pouvoir et de vérité ! Le gouvernement américain actuel fait preuve d'un nouvel abus de pouvoir arrogant. Il recourt à n'importe quel mensonge ou prétexte afin de justifier son agression contre un pays, tout cela en vue de manipuler, de dominer le peuple et de lui dérober ses ressources.

Il est vrai que le pétrole de cette planète n'appartient pas à l'Iraq en propre, pas plus qu'aux États-Unis d'ailleurs. Ce pétrole si précieux qui gît dans les cavités du globe terrestre n'est rien de moins que le sang de notre Terre-Mère. Par conséquent, c'est donc ce sérum irremplaçable qui est ponctionné chaque jour par d'avides corporations. En raison de leur rapacité, vos dirigeants mondiaux, qui prétendent détenir les rênes du pouvoir, préfèrent entreprendre des guerres, se livrer au mensonge et à la duplicité, dans le but de remplir leurs poches des richesses pourtant destinées à tous. Les chefs d'État de ce monde connaissent parfaitement la technologie de l'énergie libre, mais se refusent à utiliser ces ressources naturelles et abondantes, une énergie pure déjà existante qui serait pratiquement gratuite pour tous, une ressource qui n'entraînerait aucune pollution.

Soyez en paix et optimistes, car cette situation s'apprête à être redressée plus tôt que vous ne le croyez. Certains événements se préparent sur terre qui déclencheront ces changements. Au nom de la justice, de la paix et du respect de tout ce qui vit et l'exige depuis le Soi divin de votre être, et une fois que la population mondiale s'y sera opposée, personne ne sera plus en mesure de continuer à violer et à piller Gaia en son cœur.

Vous êtes tous ici dans le but de façonner votre état de maître. À moins de vous y mettre avec sérieux, vous n'y parviendrez pas. C'est pour cette raison que vous avez choisi de vous incarner tant de fois. Il ne faut pas s'attendre à devenir pleinement maître du divin en le souhaitant tout simplement, ou par association. Les choses ne fonctionnent pas ainsi. Entre chaque incarnation, lorsque vous vous trouvez de l'autre côté du voile et que vous examinez la vie physique que vous venez de quitter, vous êtes chaque fois pris de remords de n'avoir pas fait de la maîtrise et de l'illumination spirituelle les objectifs de votre existence. La perfection et le raffinement de l'âme visant à consolider et à acquérir la sagesse s'accomplissent au travers d'une série d'incarnations dans la troisième dimension. Ceux d'entre vous qui se bercent de l'illusion que les frères de l'espace vont venir les secourir et qu'ils n'auront pas à effectuer de travail spirituel pour développer leur conscience seront fortement déçus. Aux autres qui croient qu'ils vont simplement être emportés dans les royaumes de lumière sans condition, je dis détrompez-vous. Les frères stellaires n'ont pas l'autorisation d'intervenir pour vous sauver. Et si, à un certain moment, une mission de sauvetage devait être lancée, sachez bien qu'elle toucherait exclusivement ceux qui ont atteint un certain niveau d'évolution, obtenant ainsi le droit d'être emportés dans les vaisseaux de lumièrc. Elle ne serait définitivement pas destinée à n'importe qui.

Présentement, la race humaine a atteint les limites de la séparation. Et elle se transforme désormais en recevant une aide formidable de la part des royaumes de lumière, des frères de l'espace, des peuples de la Terre intérieure. C'est là un secours sans précédent offert aujourd'hui à l'humanité qui a connu cette séparation dans la troisième dimension, une expérience censée faire connaître et comprendre comment l'âme réagit une fois qu'elle est totalement coupée de Dieu. Vous tous ici-bas, sous vos formes physiques, vous vous êtes portés volontaires pour ce projet cosmique ; autrement, vous n'y seriez pas. Depuis un passé lointain, l'humanité a préservé son état christique, sa nature divine, mais peu à peu, au cours du quatrième âge d'or, la conscience s'est mise à déchoir, et ceci s'est poursuivi sur une très longue période de temps. À ce jour, elle a continué à décliner jusqu'à des degrés de plus en plus denses.

C'est pourquoi, lorsque l'on dit que les gens doivent revenir, le choix relève toujours de l'âme qui, justement, ne désire pas demeurer dans cette condition et cherche à retrouver son intégrité. Alors, elle choisit de revenir en raison de cette entreprise inachevée, de ce karma qui reste à équilibrer, ou pour d'autres raisons encore. Elle perçoit tous les déséquilibres qu'elle a créés au cours d'autres existences et vient donc requalifier ces actions par l'amour. Le parcours fut presque interminable parce qu'il vous a fallu vous incarner sur une planète où, à la longue, l'information juste n'était plus disponible. Cette expérience grandiose à laquelle vous avez voulu participer avec tant d'enthousiasme, depuis les divers mondes ou univers d'où vous proveniez, a eu un début dans le temps et une fin, il y a des millions d'années. Cette expérience a rendu les peuples de la Terre très forts et courageux. Concevez-le ainsi, en dépit des apparences illusoires. Et en considération de leurs grands sacrifices, les âmes d'ici-bas s'élèvent désormais vers une gloire plus grande encore, se façonnant une destinée d'envergure. Vous êtes voués à devenir les maîtres de nouvelles civilisations qui évolueront en d'autres univers.

En vous alignant, par l'abandon, sur la volonté de Dieu, vous deviendrez quelques-unes des âmes les plus demandées de l'univers. Votre sphère d'existence, qui a souffert des plus intenses douleurs et des plus sombres ténèbres, sera bientôt élevée vers la catégorie de planète présentant la plus importante quantité d'amour et de lumière, jusqu'à un rôle d'éclaireur pour que les autres apprennent d'elle. En vérité, il n'existe pas d'autre astre semblable au vôtre ; soyez fiers et enthousiastes d'être citoyens de cette évolution. C'est ce que vous avez choisi d'accomplir quand vous vous êtes incarnés ici-bas. Les peuples de la Terre ont souffert assez longtemps ; il est temps qu'ils rentrent tous à la maison. C'est avec grande hâte que nous attendons de vous accueillir et de vous étreindre dans nos bras. Nous désirons votre retour ; la Terre ascensionne vers une oasis où la vallée des larmes sera enfin tarie.

Votre traversée des ténèbres a été votre maître. Vous n'avez jamais été jugés par votre Créateur et avez fait preuve de courage en entreprenant ce périple. Au contraire, vous avez été aimés, soutenus et soignés tout au long. L'ascension, c'est l'union, le retour de votre ombre et de votre Soi divin vers l'unicité et l'amour.

Les gens craignent de s'en remettre à Dieu. En effet, si vous vous engagez envers votre Soi supérieur à rentrer à la maison, à ascensionner, à atteindre l'état de maître et à régler vos problèmes affectifs, alors votre JE SUIS fait apparaître dans votre expérience tout le côté ombre créé par vous-même au cours des âges, vous obligeant à y faire face et à choisir cette fois l'amour plutôt que la peur. Ce qui doit être purifié et équilibré ou tout karma résiduel devant être compris est alors apporté à la perception ou dans l'expérience, et ceci peut s'avérer difficile, du moins temporairement. Par la suite vous songez : « Je me suis efforcé de refaire confiance à Dieu et ma vie est devenue plus difficile », et vous perdez de nouveau confiance. Comprenez-vous ? Vous avez adopté cette attitude encore et encore au cours de milliers d'incarnations et vous refaites exactement la même chose dans le cas présent. Si vous avez vraiment confiance, vous devez accepter tout ce qui se présentera à vous, même si les circonstances deviennent difficiles pour un moment. Peu importe les apparences qui se manifestent dans votre vie, si vous conservez cette attitude de confiance absolue et d'abandon ne serait-ce que quelques mois ou quelques années, cela paraîtra infime en comparaison de millions d'années de méfiance exprimée à l'égard du Créateur.

Le manque de confiance a mené l'humanité vers ce long voyage douloureux qui se poursuivra jusqu'à ce qu'il soit pleinement conquis, grâce à l'amour. La première chose que vous avez délaissée fut la confiance, et aujourd'hui, c'est ce qu'il vous faut adopter. Voilà la racine de toutes vos difficultés, de vos peines et de vos souffrances. Celles-ci paraîtront moins pénibles quand vous direz enfin : « Je renonce à mes fausses conceptions de peur et je fais confiance au processus, peu importe l'intensité de la douleur que j'ai à endurer. Je sais que ce processus va me conduire à la maison, où je pourrai enfin voir la fin de toutes mes souffrances et de mes lacunes. »

Une fois que vous avez conquis cette peur, tout s'ouvre à vous, vous obtenez tout, sans limites. Tout vous est dès lors accessible et vous savez avec une certitude absolue que cet univers tant craint vous procurera dorénavant l'objet de vos désirs et comblera vos besoins. De l'autre côté de cette vallée d'angoisse et d'ombre se trouve « inconditionnellement » tout ce que vous avez toujours voulu. Ce que vous appelez le péché originel (un terme que je n'apprécie guère), la brèche de confiance avec Dieu, est fondamentalement la dernière chose que vous ayez à conquérir.

Songez à Job, dans la Bible. Il fut sérieusement éprouvé, mais sa confiance demeura inébranlable. Si vous vous rappelez bien, lorsqu'il fut capable de prouver à Dieu qu'il avait foi, tout lui fut rendu au centuple. Mais il dut d'abord connaître la nuit obscure de l'âme. Et il en sera de même pour vous ! Si vous consentez à vous en remettre au processus de la nuit obscure pour un moment, au profit de votre purification et de votre illumination, sans jugement ni jérémiades, vous découvrirez aussi que les dons et les attributs de votre droit de naissance divin vous seront rendus. Dès lors, vous aurez à jamais confiance au Créateur. Et les épreuves qui vous conduiront là où vous désirez vous rendre ne seront que temporaires. C'est ainsi que l'abandon dans un amour absolu viendra à votre secours.

Je souhaite expliquer encore une chose avant de passer à la méditation. À l'instant même où vous prenez un engagement avec votre Soi divin, si vous vous abandonnez totalement au processus de changement et de transformation, il/elle vous amènera par les voies les plus rapides et les plus aisées vers l'autre côté du voile, vers la porte de « tout ». Nous sommes tous dans le même bateau ; nous avons tous à travailler à ces problèmes qui, même s'ils diffèrent d'une personne à l'autre, sont essentiellement identiques. S'ouvrir à la volonté de Dieu s'accomplit par le lâcher-prise. Et la volonté de Dieu, c'est la chose même qui vous entraînera plus avant jusqu'à la maison, ou la grâce. Par ailleurs, les âmes sur cette planète doivent comprendre qu'avant de pouvoir être menées à des maîtres spécifiques pour traverser des initiations et évoluer, il leur faut d'abord passer l'épreuve d'El Morya, celle de la volonté de Dieu. Quand vous voulez ascensionner et assumer un véritable engagement par rapport à votre vie spirituelle, si vous ne pouvez pas réussir l'épreuve de la volonté de Dieu, comment passerez-vous les autres ? Certains maîtres ne pourront pas travailler avec vous jusqu'à ce que vous ayez accompli suffisamment au regard des divers aspects du Rayon bleu avec El Morya pendant un moment et moi-même, puisque nous collaborons tous. Et alors, quand vous êtes prêt à passer à un nouveau maître, nous vous escortons en toute élégance vers lui, en vous formulant une recommandation.

Le Temple de la volonté de Dieu

Nous avons à Telos un temple consacré à la volonté de Dieu ; il y en a également un à Darjeeling, en Inde, près de la frontière avec le Tibet. Le sanctuaire de la volonté de Dieu est sous la surveillance du maître El Morya, dans cette ville et au mont Shasta. Plusieurs d'entre vous s'y rendent la nuit ou viennent à Telos afin d'assimiler les initiations du premier rayon d'abandon à la volonté divine. Darjeeling constitue le temple originel. Celui-ci existe depuis quelques millions d'années ; il était là bien avant la construction du nôtre, à Telos. Tous deux sont dans la cinquième dimension ; le premier n'apparaît pas à votre regard ordinaire, mais celui qui est à Telos est plus tangible. Aujourd'hui, j'aimerais vous emmener en conscience à notre Temple de la volonté de Dieu à Telos.

Méditation

Je vous demande de focaliser votre cœur et d'inspirer profondément. Priez consciemment votre présence JE SUIS ou votre Soi divin de vous amener en voyage à Telos avec nous. Percevez une structure bleue opalescente de grande dimension, très haute et ayant la forme d'une pyramide à six faces. En vous approchant, tout autour de vous résonne avec la merveilleuse énergie bleue, rafraîchissante et apaisante. Consentez à monter l'escalier de nacre menant à l'entrée principale du temple. Voyez et sentez les fontaines majestueuses aux jets bleus émanant de divers geysers autour. Toutes sortes de fleurs bleutées poussent dans des jardinières blanches et dorées ; elles abondent à l'abord des fontaines. Entrez maintenant par le portail, où un ange de la flamme bleue vous attend pour vous souhaiter la bienvenue et vous escorter.

En pénétrant dans l'imposant passage, vous apercevez au centre une antichambre contenant un énorme diamant à flamme bleue, le plus grand jamais vu ; il mesure de cinq à six mètres de hauteur. Votre guide vous invite à entrer dans cet espace sacré. Le diamant contient plusieurs milliers de facettes, chacune représentant un aspect différent du cœur de diamant de la volonté divine. Cette gemme est très similaire au diamant vivant en vovtre cœur, et avec le temps toutes les facettes de votre propre diamant seront complètement activées et rétablies. Le cœur de diamant et votre cœur sacré ne font qu'un ; l'un est une composante de l'autre. Tous deux sont faits d'une quantité infinie de chambres qui correspondent chacune à une facette de votre diamant.

Une fois dans la chambre sacrée de la volonté divine, le maître El Morya vous accueille ; c'est un être de haute stature, aux yeux bruns. Il ressemble beaucoup à un moine zen et porte sur la tête un turban blanc et doré. Sa robe est bleue et partiellement recouverte d'une cape blanche luminescente. Il vous souhaite la bienvenue à son cœur de diamant et vous convie à vous installer sur l'un des coussins d'énergie de la flamme bleue. Puis il vous incite à vous focaliser sur le cœur de diamant et à inspirer les énergies qu'il contient, en sorte de pouvoir ramener cette énergie avec vous lorsque vous retournerez à votre corps physique et d'en accumuler assez en vous pour guérir votre cœur. Ce rayon bleu est l'un de ceux qui alimentent le pouvoir du rayon d'amour. Tous les rayons comportent l'amour en plus de leurs attributs spécifiques.

Sachez que, en présence de ce diamant, vous pouvez ouvrir dans votre cœur ces infimes facettes remplies de peurs et les laisser aller. Demandez que les énergies de cet immense joyau magnétisent et absorbent vos peurs afin que celles-ci soient guéries et évacuées. En les dégageant de votre cœur, vous ressentirez une guérison formidable.

Sachez également que nous sommes conscients qu'il peut être difficile d'évacuer l'ensemble de vos angoisses et de vos fardeaux en une seule fois. Partant, nous vous invitons à revenir au temple de Telos ou de Darjeeling aussi souvent que vous le souhaiterez pour que votre guérison atteigne des strates plus profondes. Il s'agit d'un processus continu qui doit atteindre son terme ; il faut vous y tenir jusqu'à ce que les voiles se dissipent. C'est alors que vous saurez avoir retrouvé votre intégrité.

Maintenant, connectez-vous à votre Soi supérieur, qui se tient directement au-dessus de vous. Cette présence JE SUIS, cet être infini sera votre véritable identité quand vos peurs seront guéries et évacuées. Reliez-vous à votre aimante présence JE SUIS et prenez l'engagement de renoncer à ces angoisses qui ont entraîné tant de souffrance – pour qu'ainsi tout vous soit rendu.

Peu importe ce qui se manifestera dans votre vie demain, ce ne sera que le miroir de la peur que vous avez encore à résoudre et à accueillir. En reconnaissant la négativité pour ce qu'elle est – une illusion –, il n'y aura plus rien à craindre.

Soyez conscient que, peu importe ce qui apparaît et sa difficulté, ce n'est qu'un processus temporaire qui vous apportera la sagesse et la compréhension et vous mènera de l'autre côté de cette vallée où vous avez toujours rêvé d'être.

Continuez à inspirer cette merveilleuse flamme bleue autant que vous le pouvez, directement en vos poumons, en votre cœur. Faites-le consciemment pour rapporter cette énergie dans votre corps physique. Sachez également que les aspects multidimensionnels de votre être et tous les habitants des royaumes de lumière appuient votre décision et vous accompagnent tout au long de votre périple. Vous n'êtes pas seul sur ce chemin. Tellement d'amour s'offre à vous, tellement d'aide ! Votre réussite est assurée.

Ressentez l'action apaisante de la flamme bleue. Elle a la propriété unique de vous apporter le réconfort et d'atténuer vos souffrances. Maintenant, le maître El Morya vous offre un présent, comme moi-même, Adama, puisque nous collaborons étroitement. Autour de chacun de vous installé face au diamant en notre temple, nous allons superposer un diamant éthérique plus petit, mais d'une perfection absolue, rayonnant les qualités de l'essence bleue à l'intérieur de la chambre sacrée de votre cœur, directement au sein des énergies de votre cœur sacré.

Cette gemme vous renverra la volonté de Dieu, la perfection divine de ce cœur de diamant que vous cherchez à atteindre. Grâce à ce don, la perfection du cœur de diamant vous sera constamment reflétée si vous choisissez de travailler avec elle. Nous vous invitons à respirer ses énergies chaque jour pendant votre méditation et à travailler avec elles comme il vous convient. En méditant, demandez à votre Soi supérieur ou Soi intuitif de vous montrer laquelle des facettes comporte encore de la douleur ou des attitudes négatives nécessitant une guérison et un alignement. Le joyau que vous venez de recevoir continuera à refléter tout ce dont vous avez besoin pour ouvrir complètement votre cœur et le guérir, et vous mener à la voie de l'abandon avec joie et grâce. Il est vivant et dynamique. Sa couleur est d'un bleu paon luminescent.

Continuez à inspirer ses énergies en les acceptant et en vous abandonnant à ce qui est. Soyez fermement résolu à ne jamais renoncer, peu importe ce qui apparaîtra en votre vie pour vous inculquer sagesse et vérité. Soyez déterminé à parcourir ce chemin jusqu'au bout. N'hésitez pas non plus à communiquer avec votre guide. Demeurez dans cette énergie pendant un moment et soyez reconnaissant de la grâce qui vous a été accordée. (pause)

Lorsque vous vous sentez entier, revenez à votre cœur et emportez ce trésor avec vous. Plus vous demeurerez conscient et travaillerez avec ce don, plus ses énergies s'amplifieront et béniront votre vie. Ce don, cet outil que nous vous offrons ne vous aidera que si vous y faites appel. Et n'oubliez pas que ce que vous n'utilisez pas, vous le perdez. Ce cœur de diamant possède également une vibration de confiance en soi. Puisez à même cette énergie de confiance en soi pour vous aider à dégager vos peurs, afin qu'ainsi votre abandon s'accomplisse avec plus de grâce.

Les maîtres du Rayon bleu sont à votre disposition ; ils vous tendent la main. Une fois prêt, ouvrez les yeux. Nous vous incitons à revenir en ce lieu apaisant encore et encore. Venez y méditer avec nous sur la volonté de Dieu ; vous approcherez de la liberté spirituelle à pas de géant.

Ainsi soit-il.

CHAPITRE 8

Le grand Temple de jade et la flamme de guérison
Une activité du cinquième rayon

Adama

Salutations, mes amis. Nous sommes toujours heureux et éprouvons une grande satisfaction chaque fois que nous sommes invités à entrer en contact avec vous et à offrir nos enseignements aux peuples de la surface. Aujourd'hui, nous aimerions aborder une méthode de guérison et vous faire connaître le grand Temple de jade consacré à cette pratique, ici à Telos. L'accès à ce formidable sanctuaire est interdit aux habitants de votre Terre depuis la disparition de notre continent. Récemment toutefois, ses portes se sont ouvertes à eux ; il leur est désormais permis de s'y rendre dans leur corps éthérique afin de se recharger, de se purifier et de mieux comprendre la guérison. Cette exemption récente constitue d'ailleurs un privilège dont vous tous pouvez vous prévaloir en cette époque de transition et de renaissance pour l'humanité et la planète.

Le grand Temple de jade avait une forme tangible au temps de la Lémurie et sa fonction première était la guérison dans le plein sens du terme. Il fut d'abord érigé à cette époque glorieuse et, pendant des centaines de milliers d'années, ses énergies ont béni la vie des gens. Dans ce sanctuaire brûle la flamme de guérison, immortelle, se consumant d'elle-même pour la planète depuis sa construction. Voilà où cette flamme fut préservée et nourrie par le royaume angélique, l'Esprit saint et l'amour des peuples lémuriens. Ses énergies recèlent la vraie guérison pour la planète elle-même, ses habitants et votre Terre-Mère.

Après avoir compris que notre continent était en péril, et certainement voué à l'anéantissement, il apparaissait évident que ce lieu sacré important disparaîtrait du plan terrestre. Nous nous sommes alors efforcés d'en façonner une réplique à Telos. Celle-ci est de dimension moindre que son modèle original ; cependant, toutes les annales des énergies de la Flamme immortelle accumulées dans ce temple depuis des éons furent transférées ici à Telos et continuèrent de l'être jusqu'à aujourd'hui. Et en dépit de l'engloutissement du continent, sa prodigieuse capacité de guérison n'a jamais été perdue. L'ensemble de ses énergies et de ses trésors fut donc emporté avant le cataclysme. De ce fait, la flamme perpétuelle de guérison véritable se consume là depuis, alimentée par l'amour de notre peuple, du royaume angélique et de tous ceux qui sont autorisés à nous rendre visite. La planification pour la construction de cette réplique et du déplacement des énergies eut lieu deux mille ans environ avant la chute de la Lémurie. À cette époque, plusieurs autres reproductions de temples importants ont également été bâties de la même manière. Vous savez, pour sauver notre civilisation et un maximum de gens dans notre population, il a fallu élaborer une stratégie cinq millénaires avant le moment du cataclysme prévu.

À l'heure actuelle, absolument tout le monde a besoin de guérison, et c'est pourquoi nous avons ouvert les portes du grand Temple de jade. Il est impératif de porter secours à la race humaine dès maintenant. Il nous fait donc grand plaisir de vous convier à venir ici dans votre forme éthérique la nuit ; vous aurez ainsi une meilleure compréhension de ce qu'est la guérison véritable. À votre arrivée, on vous assignera un guide ; grand nombre de nos citoyens sont même prêts à vous servir de mentors spirituels, pour ainsi dire, et à vous aider à réparer les traumatismes et les souffrances du passé, ainsi que ceux du présent. En guérissant vos douleurs et traumas internes, vous améliorerez spontanément les circonstances difficiles que vous affrontez ainsi que votre corps physique. Les problèmes et les douleurs externes ne sont jamais que les reflets de souffrances et d'angoisses intérieures. L'extérieur vous renvoie ce qu'il y a à guérir et à transformer dans votre conscience. Nous sommes en mesure d'assigner trois conseillers à chacun de vous ; ils vous seconderont au fil des démarches qui permettront votre retour à la pleine santé. Avec votre collaboration, un conseiller traitera votre corps émotionnel ; l'autre, votre corps mental ; et un troisième s'occupera de la guérison de votre corps physique. Tout se passera en harmonie totale et en synchronicité. Ainsi, le processus sera plus équilibré que si vous ne vous attardiez qu'à un seul aspect de votre personne sans chercher à comprendre ou à transformer votre programmation interne. Lorsqu'un aspect de vous n'est pas en équilibre parfait, ce déséquilibre influe sur l'ensemble de votre être.

Comment vous rendre à ce temple ? En réalité, vous n'avez qu'à préciser votre intention d'y venir pendant votre méditation ou avant de vous endormir le soir. Par exemple, vous pourriez adresser à votre Soi divin, à vos guides et maîtres la prière qui suit : « *Depuis le Seigneur Dieu de mon être, j'émets la requête d'être emporté(e) cette nuit au grand Temple de jade, à Telos. Je prie mes guides, mes maîtres et mes anges de m'y emmener pendant que mon corps se repose des activités du jour.* » Vous pouvez aussi composer votre propre prière. Précisez votre intention de venir ici pour vous recharger, vous purifier, vous guérir, suivre une thérapie ou tout simplement communier et interagir avec nous au sein des énergies de la flamme de guérison. Une fois que vous serez sur place, nous saurons comment nous occuper de vous. Règle générale, en votre âme supérieure vous savez comment vous y rendre par vous-mêmes. Et ayez tout simplement confiance que le voyage a eu lieu, même si vous n'en avez aucun souvenir conscient au réveil. Ce n'est pas encore le moment. Votre corps éthérique présente une apparence presque identique à votre forme physique ; il est seulement plus parfait. Lorsque vous êtes dans cette forme subtile, il vous semble tout aussi tangible ; voilà ce que vous réserve l'avenir. Votre corps métamorphosé vous paraîtra également très réel, même s'il n'a pas alors la même densité et qu'il vibre à une fréquence beaucoup plus élevée.

Au cours de cette transformation de votre conscience et de votre forme physique, vous ne perdez rien. Vous intégrez des vibrations supérieures, plus subtiles, et une lumière plus fine. Tout ce que vous avez à perdre, c'est cette densité indésirable. Votre corps deviendra beaucoup plus raffiné, plus beau, illimité et immortel ; il vous semblera tout aussi concret que votre forme actuelle, sans toutefois être contraint par aucune limite. Vous vous déplacerez à la vitesse de la pensée ; ce sera très amusant, je vous le promets !

❧❧❧

Sur cette planète, la majorité des gens ont surtout divers problèmes physiques, beaucoup de peurs enfouies déclenchant des difficultés au quotidien, et des émotions bloquées dans le subconscient par des expériences antérieures imprimées dans leur âme, expériences qui furent non seulement douloureuses, mais aussi très traumatisantes, représentant en somme les leçons qu'exigeait leur voie évolutive. Chacun présente dans son corps sensitif une accumulation de traumas affectifs cumulés au cours de milliers d'incarnations. Pour amener une ultime purification, une guérison définitive et acquérir la sagesse pour laquelle toutes ces expériences ont été conçues, ces traumas doivent être amenés à résolution. Toute expérience n'ayant pas été purifiée en une vie donnée persiste à rejouer le même programme, encore et encore, lors d'existences subséquentes, jusqu'à ce que la guérison véritable, la sagesse et la compréhension surgissent des tréfonds de votre âme. La tristesse, le chagrin, les peines, chaque traumatisme affectif et tout ce que vous vivez qui ne reflète pas la joie pure naturelle, la félicité et l'extase de votre être signalent ce qui doit être guéri en vous. Beaucoup de peurs doivent également être purgées de la conscience collective – qu'elles soient conscientes ou inconscientes. Des toxines mentales provenant d'existences entières vouées à des idéologies fallacieuses et à des programmations déviées se manifestent maintenant à votre perception d'une manière ou d'une autre afin d'être évacuées et corrigées. Demeurez lucides, restez attentifs aux incitations de votre âme. Chacun doit déterminer quels points prévalent sur le moment et se présenter au temple en les gardant à l'esprit en vue de leur résolution. Nos guides discuteront avec vous des leçons et de la sagesse qu'il vous faut saisir et des mesures à prendre afin de manifester une guérison permanente et vraie. Ce processus ressemble à l'épluchage d'un énorme oignon, gros de centaines de pelures que vous aurez à guérir une par une jusqu'à la fin. Une fois achevé cet épluchage, vous deviendrez alors le pur miroir de la nature divine et toutes choses s'ouvriront à vous, au-delà de vos rêves les plus insensés.

L'essentiel de ce travail, mais pas son ensemble, peut être effectué la nuit, quand votre corps est endormi ; les effets pourront par la suite être intégrés dans votre quotidien. Vous n'avez pas à connaître précisément le caractère de chaque peur ni celui des expériences passées. Toutefois, il vous faut consciemment dégager ces énergies à mesure qu'elles se présentent à votre esprit depuis la présence JE SUIS de votre être, peu importe leur nom ou le sentiment qui s'y rattache. Voilà le type d'action que nos thérapeutes pourront accomplir avec vous, car ils ont accès à vos annales akashiques et sont en mesure de vous amener à des révélations curatives. À votre tour, vous rapporterez cette sagesse nouvelle avec vous sur le plan subconscient de votre état de veille et l'appliquerez. Vos méditations sur le Soi divin en faciliteront la perception consciente. Ce travail intérieur est l'étape la plus importante à franchir à ce stade afin d'accélérer votre évolution.

Les conseillers du temple élargiront votre point de vue quant aux causes de votre souffrance, aux raisons qui font qu'une difficulté particulière persiste à se manifester dans votre vie, et quant à la manière dont vous l'avez engendrée, etc., peu importe que ces problèmes soient d'ordre physique, mental ou affectif. Avec leur aide, vous apprendrez à vous guérir et, éventuellement, à corriger toutes les douleurs, les distorsions imprimées dans votre âme. Je parle ici d'une guérison complète et définitive, pas d'expédients temporaires. Mais avant que celle-ci puisse survenir, il faudra que les causes affectives et les distorsions philosophiques soient abordées et évacuées. Sachez que tous les problèmes physiques – même s'il s'agit apparemment d'accidents – prennent racine dans les corps émotionnel et mental, mais plus souvent qu'autrement dans le corps émotionnel. Les émotions sont également à l'origine du stress mental et des affections psychologiques. Par le fait même, il faut savoir que le corps émotionnel est la zone qui doit d'abord être traitée. Les traumatismes engendrés par la destruction de la Lémurie et de l'Atlantide, alors que les gens furent séparés d'êtres chers et de leur famille en une seule nuit, sont à l'origine de beaucoup d'angoisses, de tristesse, de chagrin, de désespoir dans l'humanité ; depuis, vous portez ces souffrances, cette programmation de vie en vie. Le moment est venu de guérir complètement le passé et d'adopter un paradigme d'amour, d'infinité et de grâce sans précédent pour votre bien et la survie de la planète. À Telos, nous sommes vos frères et sœurs, vos amis les plus intimes de jadis ; nous vous aimons tous intensément. Il nous fait grand plaisir de vous apporter le soutien que nous sommes autorisés à vous donner en vue de votre métamorphose intégrale, de votre résurrection et de votre ascension dans les royaumes d'amour et de lumière.

À mesure que progressera votre guérison, vous retrouverez votre dynamisme, votre corps physique se départira de ses douleurs et de ses traumatismes, vous vous mettrez à rajeunir, vous serez plus vivants, plus animés. Vous éprouverez une joie plus intense, vos facultés mentales s'épanouiront et vous songerez : « Eh bien, nous sommes tous en voie de devenir des génies ; la vie est super ! » Accueillez la grâce et consentez à recevoir ces énergies dans votre corps au quotidien.

Évacuation des vieux bagages
et guérison de blessures anciennes

Je sais que plusieurs croient passer leur temps à évacuer de vieux bagages et à tenter de guérir des blessures anciennes… qui semblent revenir encore et encore. Effectivement, cela ajoute à votre fardeau. Permettez-moi de vous expliquer. Vous possédez différents corps, que l'on appelle corps subtils. Toutefois, quatre structures corporelles principales composent votre être : le véhicule physique, le corps émotionnel, le corps mental et le corps éthérique, qui tous possèdent aussi des corps sous-jacents. C'est pourquoi vous entendez parler souvent de neuf corps subtils, voire de douze ou plus. Mais nous ne les aborderons pas ici. Nous n'expliquerons que les quatre corps qui participent chacun à 25 % de l'ensemble de votre bien-être. Ils collaborent étroitement ; quand vous réprimez l'un, vous refoulez les autres. Quand vous en guérissez un, vous soulagez les autres par le fait même. Parmi les substances chimiques toxiques, certaines sont relativement faciles à éliminer, mais il y en a d'autres pour lesquelles le corps ne possède aucun mécanisme d'élimination. Les produits chimiques et la pollution de l'ère industrielle qui contaminent la nourriture, les boissons, l'eau et l'air sont quasiment impossibles à éliminer et leur toxicité est cumulative. Le corps n'arrive pas à évacuer facilement ces toxines. À l'époque où le corps humain a été conçu, ces substances n'existaient pas. Elles ont tendance à s'incruster dans les cellules et seule la prise appropriée de remèdes homéopathiques ou vibratoires est capable de déloger ces poisons indésirables. Cependant, cette approche est fort compliquée. Faites tout en votre pouvoir pour consommer l'eau la plus pure, les liquides et les nourritures les plus sains ; effectuez des cures de désintoxication. Lorsque vous ne vous sentez pas bien physiquement, vos émotions sont troubles et vos facultés mentales ne sont pas aussi pénétrantes qu'elles pourraient l'être ; il en va de même inversement. Quand vous ne vous sentez pas bien sur le plan émotif, votre corps physique est malheureux puisque tout est interconnecté. Il n'est pas possible de détacher une partie de vous-même sans influer sur l'ensemble.

La guérison vraie et définitive survient quand vous trouvez l'équilibre sur tous les plans. Certaines personnes ayant un cancer, ou une quelconque maladie physique, vont dépenser des fortunes pour se guérir par des traitements de l'establishment médical qui charcutent, brûlent ou empoisonnent. Et pourtant, l'aspect affectif à l'origine du cancer n'est jamais traité. Des milliards de dollars sont dépensés chaque année, quelques patients connaissent parfois des rémissions temporaires ou trouvent des expédients, mais il ne s'agit jamais vraiment de guérison véritable. Même s'il y a soulagement à court terme, la guérison véritable n'a pas eu lieu. S'il advenait que la personne meure à la suite des traitements agressifs qu'elle a subis, la guérison n'aura pas eu lieu et les leçons n'auront pas été assimilées, car elles ont leur source dans le corps émotionnel. Si les émotions qui ont engendré un cancer n'ont pas été abordées au cours de la vie en question, si les leçons n'ont pas été apprises sur le plan émotif et si la guérison n'est pas survenue, tout cela sera à refaire dans l'existence subséquente afin que la compréhension s'approfondisse. Votre présence JE SUIS exige que vous appreniez toutes vos leçons de sagesse et de vérité avant de pouvoir atteindre la liberté spirituelle totale. Voilà pourquoi il vous a fallu tant d'incarnations.

Les anges et plusieurs autres êtres des royaumes de lumière qui collaborent avec l'humanité viennent régulièrement ici pour se purifier et se recharger. Ils n'ont pas besoin de thérapie. Le grand Temple de jade leur sert de lieu de décontamination, de cadre où décharger les énergies discordantes amassées à leur contact avec l'humanité.

Votre Soi divin opère depuis le niveau de la Création ; il travaille donc très étroitement à votre guérison avec les anges et les maîtres ascensionnés, les frères stellaires et nous tous. Mais il ne nous est jamais permis d'effectuer des guérisons pour vous sans son autorisation. Au cours de chaque étape, il vous faut toujours inclure et vous reconnecter avec votre présence JE SUIS, et énoncer clairement vos intentions quant à ce qu'il y a à accomplir. Si nous le faisions pour vous, comment pourriez-vous jamais devenir maîtres de l'expression divine ?

Quelquefois, certains s'emportent contre les maîtres ascensionnés ou les présences angéliques parce qu'ils ont l'impression que leurs prières n'ont pas été exaucées comme ils le souhaitaient. Dès lors, ils se mettent à nier leur existence ou leur validité et ferment ainsi leur cœur à toute aide ultérieure.

Par exemple, vous avez prié un maître ascensionné en vue de recevoir l'argent nécessaire pour un voyage qui, au bout du compte, ne s'est pas concrétisé ; ou encore, vous avez exprimé le souhait de vivre une relation amoureuse avec une personne en particulier mais cela ne s'est pas produit. Au lieu de vous en remettre à la grâce divine et à la sagesse plus vaste de votre Soi divin qui sait ce qui convient le mieux à la voie choisie pour vous en cette vie, vous fulminez contre Dieu ou ce maître ascensionné, puis vous décidez que vous ne voulez plus rien avoir à faire avec l'un ou l'autre. Nous rencontrons constamment ce type d'attitude chez les humains, et ceux qui se laissent aller à ces comportements se privent de beaucoup d'aide, de grâce et de bénédictions. Ils ne comprennent pas qu'aucun maître ascensionné ni aucune présence angélique n'est en mesure de contourner les décisions de leur âme. Votre présence JE SUIS sait exactement ce qu'il vous faut pour réaliser vos objectifs en cette vie ; l'ange ou le maître ascensionné coopérera donc avec votre Soi divin pour seconder votre « plan plus vaste » et votre destinée ultime. Puisque vous résidez dans la troisième dimension, vous êtes voilés et ne percevez pas le plan global de cette incarnation.

Votre présence JE SUIS est aux gouvernes et votre âme est la somme totale de vos expériences ; voilà ce que vous tentez d'accomplir par l'ascension : unifier cet ensemble afin de retrouver votre intégrité. Par le processus d'ascension, vous devenez la personnification de votre Soi divin, c'est-à-dire libres de manifester la plénitude de votre nature céleste. L'étape finale de l'ascension est l'événement le plus merveilleux qui puisse se produire au cours de l'évolution de tout être. Incarnations après incarnations, sur cette Terre, vous avez travaillé vers ce but, et c'est en cette vie que vous pourrez y parvenir pleinement, devenir tout ce que vous vouliez devenir, car les portails de l'ascension sont ouverts comme ils ne l'ont jamais été depuis des millions d'années.

Voyage contemplatif au grand Temple de jade

Le grand Temple de jade est un lieu sacré où viennent des êtres de toutes les dimensions sur cette planète et de l'au-delà pour effectuer des guérisons multidimensionnelles. Ceux des royaumes de lumière qui prêtent directement main-forte à l'humanité se rendent aussi en ces lieux pour se purifier et recharger leurs énergies. Ce sanctuaire n'est pas dédié à l'usage exclusif de la race humaine ou du nôtre ; il sert également aux êtres galactiques. Pour cette planète et notre galaxie, il a un usage à vaste échelle. Recevant de nombreux visiteurs, il est considéré comme célèbre, sans compter qu'il est construit dans le jade le plus pur.

Je vous prierais maintenant de vous asseoir confortablement, de vous centrer sur le cœur, de vous détendre afin d'accueillir et d'intégrer ces énergies de guérison. Vous êtes conviés à m'accompagner au cours d'un voyage en conscience à Telos afin de faire l'expérience du grand Temple de jade sous le mont Shasta. Vous y venez dans votre corps éthérique. En continuant à vous centrer sur le cœur, confiez à votre Soi supérieur et à vos guides votre désir qu'ils vous emmènent avec eux. Nous sommes nombreux ici à être prêts à vous accueillir. Invitez vos guides à vous conduire à Telos en conscience vers le portail du grand Temple de jade. Ils le connaissent bien et savent précisément comment vous diriger jusqu'à lui.

Méditation

Détendez complètement votre corps et respirez très profondément en ayant la résolution de vous rendre au grand Temple de jade. Visualisez-vous sur place. Vous atteignez le portail de cet immense édifice de forme pyramidale à quatre côtés et fait du jade le plus pur, le plus fin ; le grand prêtre, gardien du temple, vous salue. Malgré son millénaire en âge et en sagesse, il paraît n'avoir que trente-cinq ans. Le sol est carrelé de tuiles de jade et d'or pur. Des fontaines luminescentes aux reflets d'un vert doré lancent des jets de leur essence à dix mètres dans l'air, un peu partout, esquissant de la sorte une atmosphère mystique.

Sentez que vous êtes vraiment dans ces lieux et regardez autour de vous ; observez tout ce qui vous est montré. Humez l'air que vous respirez en ce temple avec toutes ces fontaines d'énergie de guérison pure. Que c'est rafraîchissant et revivifiant pour votre corps tout entier ! Bien que votre visite se déroule sur le plan éthérique, vous rapporterez cette vibration à votre forme physique une fois votre voyage terminé. C'est pourquoi il est indispensable que vous inspiriez aussi profondément que possible cette énergie curative.

Des fleurs aux mille formes et teintes, de même qu'une multitude de plantes couleur émeraude foisonnent dans de grandes jardinières disposées dans un environnement magique. Votre regard glisse légèrement sur cette beauté sublime et vous ressentez le caractère sacré de l'endroit. Imprégnez-vous au maximum des énergies de ce lieu

Le grand prêtre vous présente à un membre de notre communauté qui vous servira de guide et d'accompagnateur pendant votre visite ici. Ce temple, unique sur terre, est très fréquenté. En y pénétrant en compagnie de votre guide, vous apercevez une immense pierre de jade. De forme ovale, elle a un diamètre de trois mètres et une hauteur d'un mètre quatre-vingts. Cette gemme présente la plus pure et la plus élevée des vibrations curatives. Au sommet de ce jade repose un calice d'or et de jade. Sa base est plate et ses côtés mesurent environ vingt-cinq centimètres ; il abrite la flamme perpétuelle de guérison, couleur émeraude, qui se consume d'elle-même depuis des millions d'années.

Ressentez maintenant cette flamme, sentez-la en votre âme, dans votre cœur et votre corps émotionnel, car vous pouvez l'emporter là aussi. Cette flamme prodigieuse brille à jamais ; elle contient une matrice d'énergie curative destinée à la Terre entière. Cette flamme est douée de conscience, mes amis. Elle est éternellement alimentée par l'amour de l'Esprit saint, du royaume angélique et par le nôtre aussi. Comme vous approchez de la pierre, le gardien de la flamme vous invite à vous asseoir sur un siège de cristal et de jade et à méditer sur ce qui, dans votre existence, demande d'abord à être guéri et sur les modifications de votre conscience que vous êtes disposés à effectuer en vue de votre guérison.

Au cours de cette méditation, vous recevez par télépathie des conseils et de l'aide de vos guides ; ceux-ci s'impriment dans votre âme et votre cœur. Faisons un arrêt pour permettre à cette interaction avec vos guides et avec votre Soi supérieur d'opérer la guérison. (pause)

Voyez et ressentez les joyaux, les cristaux et les énergies bienfaisantes du temple et inspirez-les en vous. Respirez à fond cette énergie, aussi profondément que possible, car vous l'intégrerez par la suite dans votre corps physique. Continuez de respirer. Vous vous trouvez au sein du site de vibration régénératrice le plus sacré sur cette Terre. Prenez tout votre temps ; vous n'avez pas à vous presser.

Quand vous aurez terminé, levez-vous chacun et déambulez autour du temple en compagnie du guide qui vous a été assigné. Imprégnez-vous de l'exquise beauté et des énergies reconstituantes. N'hésitez pas à lui communiquer les fardeaux de votre cœur et demandez-lui de vous donner davantage d'aide pour votre guérison. Soyez ouverts à ce qui vous sera révélé. Si vous n'arrivez pas à vous en souvenir consciemment, ne vous en inquiétez pas. L'information vous parvient sur un autre plan.

Lorsque vous ressentirez un dénouement, reprenez conscience de votre corps et inspirez profondément. Sachez qu'il vous est possible de retourner dans ce temple à votre guise. Chaque fois, l'on vous secondera de la même manière. Plus vous y retournerez, plus vous établirez un lien étroit avec nous. Nous vous tendons la main du mieux que nous pouvons ; répondez à notre geste en vous tournant aussi vers nous. Rien n'est possible sans réciprocité.

Nous concluons ici cette méditation en vous transmettant l'amour, la paix et la guérison. Nous vous tendons généreusement la main avec amour, pour vous guider. Nous ne sommes séparés que par une pensée, un murmure, une prière de votre cœur.

CHAPITRE 9

La Flamme violette de liberté et de transmutation

Une activité du septième rayon

Adama, accompagné du maître Saint-Germain

Salutations, amis bien-aimés. Je suis heureux de me connecter avec votre amour et votre cœur. Comme toujours, je suis accompagné de mon équipe de douze maîtres et je suis particulièrement ravi de la présence de Saint-Germain comme participant. Même si j'emprunte la voix de Louise, l'énergie du maître se mêle à la mienne. C'est un véritable honneur pour nous, car il est profondément aimé de tous les êtres intraterrestres et est tenu en haute estime par tout le cosmos. Il passe beaucoup de temps avec nous à Telos, car nous travaillons ensemble à apporter les énergies de l'ascension à la planète.

Le rôle primordial de la Flamme violette est la transmutation. Employée dans son sens alchimique, la transmutation signifie changement positif. Par exemple, en invoquant et en travaillant avec la Flamme violette, vous êtes en mesure de transmuer d'immenses quantités de karmas ou d'énergies mal qualifiées. Une fois ces énergies transmuées, vous n'aurez jamais plus à les affronter en cette présente vie, tout simplement parce qu'elles auront été effacées et pardonnées et seront devenues de l'amour et de la joie. En travaillant avec l'amour et le brasier de votre cœur, cette flamme dissipe et dissout les énergies négatives contenues dans votre champ aurique et dans votre mental conscient et inconscient. Elle peut éliminer le karma, l'énergie et les sentiments négatifs qui l'ont engendrée en premier lieu et qui se maintiennent en vous et régissent nombre de vos programmations internes néfastes. Par ailleurs, la beauté sublime peut aussi être créée avec ses énergies.

Outre la transmutation, la Flamme violette comporte d'autres attributs, dont la flamme de réconfort, la flamme de diplomatie et des cérémonies. Chaque fois que vous engendrez le réconfort, peu importe la forme, vous faites appel à son activité. Nous l'appelons également Flamme de liberté d'amour. À quel type de liberté faisons-nous référence ? Il s'agit de liberté spirituelle. Par cet état d'être, chacun devient infini et tous les attributs de sa nature divine sont à sa disposition. Le type d'affranchissement auquel vous aspirez tous et que vous désirez est celui dont vous prenez conscience aujourd'hui. Il ne s'agit pas de la libération d'une seule chose, mais d'une libération intégrale. La Flamme violette s'avère donc un outil indispensable pour votre progrès spirituel et votre ascension.

Son utilisation

La nature même de son travail est de purifier la substance et les énergies de la vie. Vous pouvez la visualiser en méditant et demander qu'elle vienne à votre aide. Vous pouvez également l'utiliser en employant diverses formules de communication, par exemple des demandes intenses et des prières. Tant que vous demeurez dans la vibration d'amour en vous y livrant, la technique portera ses fruits.

Il vous est aussi possible de la respirer par chaque cellule, atome et électron de votre corps. Grâce à elle, chaque pensée ou sentiment dans votre champ aurique peut être nettoyé et purifié. Soyez créatifs ; composez vos propres prières et invocations. Quand celles-ci émanent du brasier de votre cœur, elles sont plus puissantes que celles qui sont rédigées par d'autres. En effet, les prières composées par d'autres leur conviennent mieux à eux. Travaillez avec cette flamme chaque jour et attendez-vous à ce que des miracles surviennent sur votre chemin.

Voici un exemple d'une prière très puissante que vous pourriez réciter :

« *Au nom du JE SUIS de mon être, au nom de Dieu, j'en appelle à l'action de la Flamme violette de transmutation, de compassion et de pardon dans mon champ aurique, pour nettoyer et purifier chaque pensée et sentiment de mon plexus solaire et de tous mes chakras. Je sollicite l'action du feu violet ; qu'il imprègne les cellules, atomes et électrons de mes quatre systèmes corporels dès maintenant et à chaque instant de ma vie, vingt-quatre heures sur vingt-quatre, sept jours par semaine, afin de guérir les distorsions de mes champs énergétiques découlant de méprises passées et présentes. Je demande aux énergies de la flamme violette de guérir les dissonances de mes corps physique, émotionnel et mental. Je la prie d'agir à l'instant au cœur de mes champs subtils avec toute sa puissance. J'en suis reconnaissant. Ainsi soit-il.* »

Vous pouvez formuler ce genre d'invocation ou composer votre propre prière. Visualisez cette flamme et inspirez-la en silence. Employez son souffle de manière consciente et soutenue pour la faire pénétrer dans votre champ aurique plus concrètement. Vous pouvez ensuite lui demander de soutenir cette action pour le reste de la journée ; ainsi, ses effets se poursuivront pendant que vous vous livrerez à vos occupations. L'action sera ininterrompue tant que vous demeurerez en harmonie. Chaque fois que vous invoquez une flamme divine et que vous demandez que sa dynamique persiste, son activité se poursuit jusqu'à ce que vous fassiez un geste dissonant sur le plan perceptible. Sa vibration cessera alors. Mais si vous faites la paix en vous-même et si vous la réinvoquez, elle se manifestera de nouveau. Tant que vous resterez en harmonie sur les plans de la pensée et des sentiments, la flamme continuera d'agir. Si vous rencontrez une situation désaccordée, vous devrez l'appeler de nouveau.

Au cours du siècle dernier, les gens ne voulaient pas méditer. Par conséquent, nous avons formulé une série de décrets par lesquels plusieurs personnes sur cette planète invoquèrent la Flamme violette ou d'autres flammes pendant des heures et des heures. Malheureusement, pour nombre de gens, ce type de dévotion se détériora sérieusement. L'énergie du cœur étant absente, ils se mirent à ânonner sans aucune ferveur, à toute vitesse, persuadés que ce serait plus efficace pour eux-mêmes et la planète. Même si leurs intentions étaient bonnes et sincères, ce n'est pas ainsi que les choses fonctionnent. Mieux vaut réciter un décret ou une prière une seule fois avec toute la ferveur dont votre cœur est capable et prendre le temps de façonner cette action avec amour, que de répéter mille fois la même prière, tel un perroquet. Si vous énoncez une invocation ou une prière, il faut que vous la ressentiez pleinement, que vous sentiez son énergie dans votre cœur et que vous la chargiez de votre amour, puis que vous laissiez la transformation survenir. Voilà la seule manière dont ceci fonctionne. Il s'agit de prendre le temps d'amener cette énergie en vous chaque jour.

Les processus de transmutation et de transformation

J'aimerais ici vous expliquer la différence entre ces deux processus très similaires. La transmutation est un processus par lequel on exprime une transformation positive. Créer et vous livrer au travail avec la Flamme violette ou à la prière dissoudra et guérira les énergies négatives. Par exemple, cela transmuera ou changera une énergie ou un karma négatif en une énergie pure, claire et positive. Si jamais vous vous sentiez déprimé, il vous faudrait identifier et admettre ce sentiment en vous, comme s'il s'agissait d'un événement survenu ce jour-là ou d'un souvenir resurgissant d'une vie passée dans votre mental afin d'être examiné et transmuté. À cette fin, cernez ce sentiment en votre cœur et contemplez-le. *J'éprouve toutes ces choses à propos de ce qui m'est arrivé aujourd'hui ; ou encore, ce que je ressens n'est pas lié à la situation présente, et pourtant ces émotions émergent de l'inconscient et se font connaître. Puisqu'elles sont en moi, je les reconnais et les accepte comme miennes. N'ayant nul besoin de connaître les détails de leur origine, je leur envoie de l'amour et de l'harmonie. Je consens à les éprouver pleinement et à les accueillir avec amour.*

Par la suite, demandez à la Flamme violette de les bénir et de les dissoudre. Assignez-la à chaque situation qui requiert d'être guérie ou résolue et priez votre Soi divin d'éliminer tout ce qui l'entoure et qui n'est pas la perfection de Dieu. Si vous demeurez avec elle, celle-ci détruira cette négativité progressivement et la changera en quelque chose de plus approprié, de divin et de joyeux. La situation s'améliorera alors grandement. En somme, cette pratique guérira des expériences difficiles et vous ouvrira de nouvelles perspectives jusque-là inaccessibles.

Au siècle dernier, plusieurs centaines d'humains ont ascensionné en invoquant quotidiennement la Flamme violette, des années durant. Ils l'appelèrent avec beaucoup d'amour et de ferveur sans toutefois savoir précisément ce qu'ils transmutaient. Ils permirent à leurs parties obscures de se présenter à leur perception, sans les juger jamais, et les remplirent d'énergie en les baignant de la Flamme violette. Ces chères âmes n'avaient pas alors l'information et les outils actuellement à votre disposition. C'est par la foi et la persévérance que ces gens continuèrent jusqu'à leur dernier souffle sous forme humaine. Par ce processus graduel, ils modifièrent, petit à petit, toute l'énergie négative accumulée au cours d'existences passées et présentes en une lumière liquide dorée et, par la suite, en passant de l'autre côté du voile, ils ascensionnèrent tout de suite. Ils sont aujourd'hui parmi nous, drapés de lumière et goûtant la gloire de Telos et bien davantage. Ce qui m'amène à vous dire qu'il n'est pas toujours nécessaire de connaître ce que vous transmutez pour y arriver. Même s'il est bien de le savoir, cela n'est pas exigé. L'important est d'y mettre votre amour. Seuls l'amour, la clémence, la compassion infusés à une situation transmutent celle-ci en quelque chose de mieux et transforment positivement une situation négative. La Flamme violette, c'est véritablement le pouvoir de transformer les choses. Si vous avez un problème avec quelqu'un, diffusez vers cette personne des vagues incessantes de cette énergie. En faisant rayonner des vagues d'amour, de compassion, de pardon et de bénédiction vers une situation, il est impossible que celle-ci reste statique ; la loi universelle exige la résolution de tout ce qui bénéficie d'amour et de grâces. L'action de la bénédiction est aussi une forme de transmutation, une activité du septième rayon. Si vous vous mettez à bénir tout ce qui apparaît comme moins que la perfection divine en votre existence, vous transformez ou transmutez les situations apparemment négatives en quelque chose de beaucoup plus positif et la solution divine, la situation gagnante à tous points de vue se manifestera bientôt. Voilà l'action de la transmutation ; elle suscite une transformation qui fait de chacun un gagnant.

Les relations et la Flamme violette

Les relations humaines sont une source de grands défis pour la majorité d'entre vous. J'aimerais vous donner quelques conseils à ce sujet.

Si vous voulez apporter des changements dans vos relations afin d'obtenir gain de cause ou un résultat spécifique, vous risquez l'échec. Voilà pourquoi il vaut toujours mieux invoquer la solution divine parfaite. Si vous désirez préciser le résultat espéré, il est important de libérer l'espace pour qu'il en soit autrement en ajoutant à votre prière ou requête : « Que ce soit ainsi ou mieux, selon la volonté divine. » Votre Soi supérieur perçoit et connaît la situation d'ensemble qui reste voilée à vos yeux. Si, par exemple, un mariage semble sur le point d'éclater, sur le coup vous dites : « Oh mon Dieu ! J'ai prié et invoqué cette Flamme violette, j'ai fait tout en mon pouvoir pour être aimant, compatissant et résoudre la situation avec amour et clémence, mais j'ai l'impression d'avoir affaire à une catastrophe encore pire. » Et si ce mariage se dissout quand même, cela signifie-t-il un échec pour autant ? Je vous assure que non. Ce n'était pas le résultat espéré parce qu'il s'agissait d'une relation karmique ayant atteint son terme, et votre Soi supérieur est désormais prêt à ouvrir votre vie à quelque chose de plus approprié à votre voie et à votre bonheur. En raison de l'excellente qualité du travail intérieur accompli, vous avez obtenu le droit de passer à une liaison plus épanouissante. Où est donc la catastrophe, si ce n'est dans l'illusion éphémère qu'entretient l'humain ?

Deux ans plus tard, vous vivez une liaison amoureuse épanouissante, vous êtes beaucoup plus heureux, beaucoup plus en harmonie avec votre nouveau partenaire. Vous souviendrez-vous alors de la puissance de la Flamme violette que vous aviez invoquée et qui avait suscité cette nouvelle possibilité dans votre vie ? À certains moments, une situation karmique doit s'accomplir, car il n'y a plus qu'à passer à autre chose. Voilà comment vos prières sont exaucées : vous êtes dorénavant « libre » de vivre quelque chose de mieux, au lieu de stagner dans une relation ayant atteint son terme. Il vaut souvent mieux renoncer à une expérience qui ne vous sert plus ; inutile de tenter de vous y accrocher. La solution divine peut, a priori, ne pas être ce que vous souhaitiez. Peu importe, car ce qui en résultera servira toujours à votre progression spirituelle et apportera sans cesse un meilleur résultat.

Dans une situation difficile avec votre partenaire, votre rôle n'est pas de décider de l'issue voulue, parce qu'il pourrait alors s'agir d'une attitude de contrôle ne servant pas votre bien suprême. Toutefois, en faisant appel à cette énergie violette, en bénissant ce qui est, en l'inondant d'amour, de tolérance, de compassion dans toutes les circonstances sur votre route et en acceptant la solution divine, vous êtes assuré du meilleur résultat pour vous-même et pour les personnes concernées. On dit aussi de la Flamme violette qu'elle est « faiseuse de miracles ».

Quand vous bénissez une personne qui vous pose problème, par exemple votre partenaire, un voisin, votre patron, un collègue de travail ou un parent, visualisez-la baignée de la

Flamme violette d'amour et de transmutation. Reconnaissez qu'elle est libre de s'affranchir de ses fardeaux et d'éveiller son plein potentiel, et faites cela avec compassion et clémence. Faites aussi appel à la flamme de diplomatie dans tous vos échanges avec les autres. Voilà comment la paix sur terre sera possible.

Vous devez vous rappeler que l'intelligence divine sait toujours ce qui servira à votre bien suprême. Vouloir que les choses se passent comme vous le désirez, cela revient à dire : « Eh bien, Dieu, je veux ce truc, mais il faut que ça se passe à ma façon, même s'il ne s'agit pas, en fin de compte, de mon bien suprême. » Et par la suite, si vous insistez pour n'en faire qu'à votre tête, ne soyez pas surpris d'obtenir ce que vous désirez. Mais bientôt, vous vous apercevrez que ce n'était pas vraiment ce dont vous aviez besoin.

Nous voyons souvent ce genre de choses arriver aux gens sur la planète, car ils redoutent de renoncer à leurs propres ambitions. Ceci signifie qu'ils craignent de consentir à la sagesse de leur Soi supérieur, de faire confiance à Dieu. Et ils ne se fient pas davantage aux maîtres, préférant s'en remettre à l'ego trompeur plutôt qu'à une intelligence supérieure. Nous sommes constamment témoins de cette attitude de la part de l'humanité en général. Ce n'est cependant pas ce pour quoi vous êtes ici. Vous êtes ici pour construire votre foi, votre confiance, pour apprendre à aimer en dépit de toutes les apparences. N'oubliez pas, le manque de confiance a été l'énergie qui a entraîné le déclin originel de l'humanité et le prix que vous avez payé s'est avéré très lourd et douloureux.

Ce besoin d'être toujours aux commandes, au lieu de consentir à ce qui « est » sur terre, a engendré beaucoup de souffrance et freiné votre évolution. L'aspect supérieur de votre être vous aime totalement et intensément ; il ne souhaite que votre bien, votre bonheur et votre retour au paradis et à l'état de maître. Il sait précisément comment ramener en votre vie les initiations et les circonstances qui ouvriront la « porte de tout », le plus rapidement possible. Et du fait de votre perpétuelle résistance à déblayer la voie des obstacles que vous avez posés devant cette porte en accumulant la négativité, vous êtes restés bloqués devant les obstacles, sans voir ce portail merveilleux qui aurait pu s'offrir à vous depuis toujours. Même s'il vous faut traverser quelques nuits obscures pendant un temps, abandonnez-vous à la volonté divine, amis bien-aimés. Délaissez les peurs et faites confiance au processus. Un jour, vous aurez dissous tous les obstacles se dressant devant cette entrée qui débouche sur tout, sur la pure félicité. Vous êtes encore ici-bas à souffrir parce que vous n'êtes pas disposés à laisser votre Soi supérieur vous prendre la main et cheminer avec vous, dans une union d'amour, jusqu'au soleil de votre être, jusqu'à la maison.

Les gens craignent de traverser la nuit obscure de leur propre création. A priori, ce qui les a mis dans le pétrin, c'est ce manque de confiance. Ils ont décidé de ne plus s'en remettre à Dieu pour leurs trois repas par jour et ont préféré s'en charger eux-mêmes ; voilà exactement ce qui s'est produit. Et c'est ainsi que tout a commencé ; par de vagues doutes et des discours intérieurs comme celui-ci, les peurs et le manque de confiance grandirent et s'enflèrent au fil du temps. Aujourd'hui, des milliers d'années plus tard, la confiance a complètement disparu et presque tout le monde vit dans la peur et le manque, d'une façon ou d'une autre. Votre initiation consiste à reprendre sous forme d'épreuves et d'initiations les étapes qui vous ont menés à ce manque de confiance et à apprendre à croire de nouveau, toujours en dépit des « apparences ». Au moment des initiations, les obstacles de votre propre création qui obstruent la porte de tout se seront dissipés ; vous serez libres et conviés à y pénétrer.

Bientôt, l'humanité va devoir assimiler ces enseignements de manière beaucoup plus vaste. Des événements surviendront en ce monde qui exigeront de graves décisions, les plus graves que vous aurez eu à prendre depuis plusieurs vies. Sous peu, votre Terre-Mère ne tolérera plus le type de séparation qui sévit ici en son corps, et les gens devront s'adapter ou se retirer. Le nouvel « ordre mondial » sur cette planète n'est pas celui que projettent vos dirigeants ; ce sera une vie en union totale avec le Soi divin et le Créateur. L'ordre divin sera établi ici sous peu, que vous le vouliez ou non.

Les événements en apparence inéquitables ou injustifiés reflètent l'état de conscience des gens. Ils émanent constamment des énergies de la conscience collective. Par exemple, si la majorité de la population d'un pays n'apprécie pas son gouvernement, elle ne souhaitera pas s'impliquer dans une activité politique, qu'elle jugera forcément négative. Nombres d'ouvrages, de sites Internet font état des torts et de la corruption des gouvernements. Bien que ce qu'on rapporte et présente au public soit généralement vrai – votre gouvernement est véritablement corrompu au dernier degré –, celui-ci reflète toujours le miroir de la conscience collective. Lorsque les gens élèvent ensemble leur niveau de conscience vers l'intégrité, ils n'attirent plus ce genre de dirigeants. Ce phénomène s'applique non seulement aux États-Unis, mais aussi à la majorité des nations.

Quand survient un cataclysme, le même principe s'applique. Ces grandes tempêtes ne sont rien d'autre que la

nature qui se débarrasse de la négativité engendrée par la
conscience collective. Vous ne respectez pas la Terre, vous
mutilez son corps, polluez énormément, utilisez ses ressources
déraisonnablement et, de ce fait, vous créez de vastes réservoirs
d'énergie négative qui, tôt ou tard, auront à être évacués et
purifiés par le biais de catastrophes dont vous subirez les
conséquences.

Quand la planète ne parvient plus à supporter ces réservoirs
d'énergie négative, ceux-ci font surface afin d'être expiés,
purifiés sous forme de cataclysmes. Lorsqu'ils se manifestent, ils
sont chargés de vagues de Flamme violette, emplis du feu de
Dieu qui purifie. Après une guerre, une quantité formidable de
karmas individuels et planétaires a été équilibrée. Il est vrai que
beaucoup de gens en auront souffert, mais ce faisant ils auront
aussi équilibré leur propre karma. La Seconde Guerre mondiale,
alors que tant de karmas furent équilibrés sur terre, permit
l'essor technologique, le développement matériel et le confort
dont vous jouissez aujourd'hui. Bien que bon nombre d'entre
vous jugent la vie difficile, elle est plus facile qu'elle ne l'a jamais
été depuis des millénaires. Si vous profitiez de cette énergie
nouvelle datant de la Seconde Guerre mondiale pour faire
évoluer votre conscience au lieu de vous complaire dans le
matérialisme, vous goûteriez un peu plus du paradis sur terre à
l'heure actuelle et un peu moins de problèmes vous
affligeraient.

Toutes vos relations, que ce soit avec votre famille, votre
conjoint ou encore en société, sont des miroirs de votre Soi.
Tout ce qui se passe sur le plan personnel ou global, dans une
ville, lors de l'éruption d'un volcan ou d'un tremblement de
terre, est toujours le reflet d'une énergie négative que les gens
portent en eux. C'est le miroir de leur colère, de leurs peurs, de

leurs déceptions, de leur avidité, des injustices humaines, du chagrin, etc. Ce ne sont rien de plus que des reflets de ce qui a été engendré à l'échelle humaine.

Les gens créent constamment, par leurs pensées et leurs émotions, ainsi que par leurs paroles et leurs actions et par les dialogues intérieurs qui se poursuivent incessamment lorsqu'ils sont éveillés. Ils affirment vouloir le corps parfait, le mariage idéal, et ainsi de suite, mais s'ils surveillaient leurs pensées et leurs sentiments, s'ils en prenaient conscience, ils découvriraient que leur création ou les énergies qu'ils émettent dans leur champ aurique ne peuvent corroborer leurs désirs. Si quelqu'un leur montrait, instant par instant, le caractère de leurs pensées et de leurs sentiments depuis, disons, les derniers cinq à dix ans, et à partir de quelle négativité ils ont tissé leur réalité, ils comprendraient sur-le-champ pourquoi ils n'ont pas la santé ou le corps parfait qu'ils désirent, pourquoi ils essuient des échecs amoureux et pour quelle raison leur situation financière laisse à désirer.

Chacun doit prendre conscience de ses pensées, de ses sentiments et de ses paroles, pas uniquement de ses actes. Les paroles sont puissantes, et vous renforcez sans cesse la négativité par des mots, particulièrement par le biais de vos émotions. En effet, vos paroles ne correspondent pas toujours à ce que vous ressentez. Vous affirmez peut-être vouloir plus d'argent, mais intérieurement vous êtes un indigent. Vous rêvez d'une relation amoureuse plus heureuse, mais intérieurement vous ne croyez pas la mériter et n'êtes aucunement disposé à désherber le jardin de votre âme afin d'attirer le partenaire idéal. Vous souhaitez un corps parfait, mais intérieurement vous ne vous appréciez pas, vous n'aimez pas votre corps tel qu'il est, vous n'admettez pas les leçons qu'il vous enseigne. Vous n'acceptez même pas que ce que vous vivez correspond à ce que vous avez façonné par le passé, que ce soit en cette vie ou dans une autre. Le corps ne répond qu'à l'amour ; vous ne l'aimez pas et n'en prenez pas soin comme nous tous à Telos. Très peu parmi vous s'apprécient suffisamment pour s'offrir les soins nécessaires, la plupart ne donnent pas au corps les nourritures dont il a besoin pour rajeunir et rayonner de santé. Comment donc espérez-vous avoir un corps parfait ? Vous réaffirmez sans relâche ce que vous ne voulez pas, et quand le miroir vous en renvoie l'image, vous n'avez pas d'argent, vos corps vieillissent et se déforment et votre mariage est une catastrophe. Habiter son corps, c'est vivre dans une maison des miroirs, et l'univers vous renvoie ce que vous créez par vos pensées, vos sentiments et vos paroles. Quand vous décrétez que vous êtes malades, fatigués, que vous en avez marre de ceci ou de cela, vous préparez un puissant décret qui vous renvoie les énergies que vous venez d'affirmer. Vous affirmez constamment avec autorité ce que vous ne voulez pas. L'univers entend : « Oh, elle est malade, fatiguée, elle en a marre, elle a créé toute cette énergie avec tant d'intensité et de puissance, alors on va la lui offrir, c'est certainement ce qu'elle désire. » Et du coup, c'est ce que vous obtenez : le reflet de votre miroir.

Invoquer la Flamme violette est un magnifique rituel à observer chaque jour. Et en vous y livrant, vous n'accumulez pas d'autres énergies déséquilibrées. Vous pouvez utiliser cette Flamme pour nettoyer les négativités amassées. Ainsi, il n'y a jamais de surcharge. Chaque humain sur cette planète doit rembourser des dettes à la vie, contractées lors d'incarnations présentes ou passées. Si vous aviez manifesté davantage l'état de maître au cours d'existences antérieures, vous seriez peut-être ici-bas dans une forme physique ne rencontrant aucune difficulté et menant une vie relativement facile. Deux aspects sont à travailler lorsque vous êtes incarnés sur terre. En premier lieu, vous travaillez avec le quotidien au jour le jour ; en deuxième lieu, vous devez également rééquilibrer vos dettes à la vie datant de votre passé immédiat ou lointain. Le karma joue un certain rôle dans vos expériences humaines. Quand vous acceptez et vous abandonnez à votre lot quotidien, faisant appel aux propriétés purificatrices de la Flamme violette, vous chevauchez la vague de la vie beaucoup plus facilement et avec grâce ; votre karma prend dès lors le caractère d'une bénédiction et non d'un désastre.

Il vous faut bien comprendre que la Flamme violette n'annule pas le karma. Ce n'est pas son rôle. Elle aide à l'équilibrer et vous inculquera d'une manière beaucoup plus douce les leçons qu'il vous faut apprendre. Apprendre une leçon en douceur – par un conseil sage que vous comprenez et adoptez – diffère tout à fait d'un enseignement assimilé par une expérience pénible. Vous voyez la différence ? La Flamme violette peut vous amener dans un espace où vous apprendrez les leçons avec bienveillance et douceur, où tout est facile ; et ces apprentissages seront tout aussi valables. La souffrance, la difficulté ne sont jamais indispensables, car vous choisissez alors de faire l'expérience de vos leçons sur le moment. La résistance à vous ouvrir à des façons de faire meilleures et plus aisées, voilà ce qui laisse place à la brutalité dans vos vies.

Voici un autre moyen de recourir à la Flamme violette pour aider le monde entier qui vous entoure. Il est possible pour vous de l'invoquer ainsi : « *Au nom du vaste JE SUIS, je fais appel au bien-aimé Saint-Germain, gardien de la Flamme violette. Qu'il sature le monde de vagues infinies de feu violet afin d'infuser chaque parcelle de vie, chaque homme, femme et enfant sur terre d'un champ aurique de Flamme violette qui les protégera et les éveillera. Je demande que cette action se poursuive jusqu'à ce que la perfection soit rétablie.* » Vous pouvez inclure cette invocation dans vos prières quotidiennes et faire appel aux millions d'anges servant la Flamme violette qui n'attendent que votre signal pour agir. Mandez-les partout dans le monde, emplissez celui-ci de feu violet. Vous savez, les anges ne sont pas autorisés à intervenir ici-bas, à moins de recevoir un appel depuis votre sphère. Mettez-les donc à l'œuvre, ils attendent de répondre à vos requêtes. Les anges entourant la Flamme violette peuvent inonder, littéralement, Gaia de son feu et soulager beaucoup de souffrances qui, autrement, seraient inéluctables. Au quotidien, faites appel aux anges de la Flamme violette et demandez-leur d'imprégner votre univers personnel de son énergie. Vous pourrez à votre tour la diffuser aussi vers chaque homme, femme, enfant, animal, arbre, etc., de la Terre.

Les élémentaux auront encore davantage besoin de votre secours, de votre amour, de votre soutien et de vos invocations à la Flamme violette au cours de la transition imminente. Ces petits êtres participent de près à la transition de la planète vers une octave supérieure ; ce sont vos seconds. Plus ils recevront de Flamme violette et d'amour de la part de l'humanité, plus ces transitions se dérouleront sans heurts pour la Terre elle-même et les règnes qu'elle abrite.

Avant de passer à la méditation, j'aimerais ajouter qu'ici à Telos nous nous servons de ses énergies. Dans divers temples, les prêtres et nombre de volontaires invoquent perpétuellement les énergies des feux sacrés. Notre temple principal, celui de Ma-Ra, abrite une aire dédiée à chacune des flammes sacrées. Tour à tour, la population se charge de nourrir les flammes, jour et nuit. Nous vivons dans la conscience de ces flammes et nous imprégnons constamment du plein spectre de leurs énergies. En retour, la vie nous bénit au-delà de toute espérance.

À l'extérieur de notre ville, dans la zone des cités cristallines lémuriennes de la cinquième dimension, il y a des temples consacrés à chacune des flammes célestes. Règle générale, ceux-ci sont de vastes dimensions et les êtres qui vivent dans leurs parages les alimentent aussi par leur amour, leur dévotion et les invocations qui leur sont adressées nuit et jour. La population appartenant à la cinquième dimension est importante en ces lieux, et des maîtres, des anges des feux sacrés ainsi que des membres de la prêtrise des temples alimentent et invoquent chacun à leur tour les qualités et attributs de ces flammes pour eux-mêmes, la planète, l'humanité et pour l'énergie requise afin de préserver et de hausser le degré de perfection de la dimension qu'ils habitent. Ce type de rituel, chers amis, se pratique dans chaque dimension. Les anges des feux sacrés et ceux de chœurs variés participent au soutien des flammes sacrées que nous nourrissons, et c'est ce qui rend les dimensions supérieures si belles, si merveilleuses. Cette activité avait également cours au temps de la Lémurie, de l'Atlantide, de l'Égypte et dans toutes les civilisations de lointains âges d'or.

Méditation

Voyage vers le Temple de la Flamme violette à Telos

Chers lecteurs, je vous demande de vous centrer sur le cœur et d'exprimer votre intention et votre désir d'être baignés des énergies prodigieuses du Soi divin. Voici comment chacun peut s'y prendre :

« *Au nom du* JE SUIS *ce que* JE SUIS, *le Soi divin de mon être, je demande maintenant que chaque cellule, chaque atome, chaque électron de mes quatre systèmes corporels, que tous mes corps subtils, chaque parcelle de vie de mon être dans toutes les dimensions et les états de conscience, s'emplissent des énergies miraculeuses de la Flamme violette de liberté. Je demande maintenant à en être baigné nuit et jour, chaque jour de ma vie.* » (*Continuez à l'inspirer en vous.*)

En vous emplissant de ses énergies, fixez votre intention sur le fait d'entreprendre avec nous un voyage vers le sublime Temple de la Flamme violette dans la cinquième dimension, au centre de Telos. Ce sanctuaire est davantage éthérique que physique, et notre peuple y a accès en tout temps ; et vous de même, dans votre corps lumineux. Ce temple abrite la Flamme violette qui se consume perpétuellement, alimentée par l'amour et la dévotion de notre peuple, bénissant toute vie, l'humanité et la planète. En ces lieux, le maître Saint-Germain passe beaucoup de temps en compagnie de sa flamme jumelle, Portia, et des légions d'anges de divers chœurs, à recharger et à alimenter les énergies de cette flamme divine.

Continuez à respirer cette énergie autant que vous le pouvez pour ainsi pouvoir la rapporter dans votre corps physique lorsque vous retournerez à la pleine conscience. Maintenant, visualisez-vous debout dans une vaste pièce circulaire, aux plafonds hauts, où la Flamme violette est présente partout. Les murs sont faits d'améthystes mauves pures et le sol est aussi composé d'un cristal de cette gemme d'une texture plus lisse et d'une couleur plus tendre. Pénétrant les parois d'améthystes, des myriades de rayons aux tons violacés tissent une vision étoilée et mystique. La pièce est très claire et vous apercevez des dizaines de fontaines de toutes dimensions et toutes formes diffusant un jeu de couleurs et de tons violets d'une grande beauté. Des fées aquatiques batifolent au sein de ces *énergies ; elles exhalent un bonheur enjoué. Des fées florales s'amusent aussi à composer de somptueux bouquets de tous les tons de blanc, de doré et de violet avec cette énergie lumineuse. Elles vous en lancent quelques-uns comme bénédiction et signe de bienvenue. Joignez-vous à elles pour goûter leur joie et leur extase. Voyez aussi un grand nombre d'anges attachés à la Flamme et occupés à soigner le feu violet de leur amour et de leur adoration.*

Ce feu de la flamme d'amour n'est pas brûlant, il est même plutôt frais. Plusieurs chaises sont disposées autour de la pièce ; chacun de vous est invité à choisir celle qui lui plaît le plus dans la zone qui lui semble la plus confortable. Ces sièges sont fabriqués de pur cristal violet, et sous chacun, une flamme violacée s'élève pour vous envelopper. Elle se consume de dessous et infuse chaque partie de votre corps. Au-dessus de votre tête, une autre flamme pénètre le chakra de la couronne, se diffusant à tous vos autres chakras.

En l'inspirant dans votre cœur consciemment, vous vous emplissez de la Flamme violette comme jamais auparavant. Plusieurs anges vous entourent, ils déversent coupe après coupe le feu violet dans votre champ aurique et sur divers aspects de votre vie qui exigent une guérison. L'expérience s'avérera différente pour chacun. Continuez à respirer l'énergie. Maintenant, voyez le maître Saint-Germain accompagné de la dame Portia et de la déesse de compassion, Kuan Yin, vous emplissant de leur amour et imprimant dans votre champ aurique la flamme de compassion, laquelle est aussi une énergie du septième rayon.

Nous demandons maintenant à chacun de s'ouvrir à un plus grand degré de compassion en vue de sa propre guérison et de celle des êtres qui lui sont chers. Pour tout ce qui nécessite une guérison selon vous, invoquez les énergies de compassion et de pardon et consentez à ce que des changements se produisent. Demeurez en cet état de félicité aussi longtemps que vous le souhaitez. Parlez-nous, adressez-vous à Saint-Germain ou à Kuan Yin, et fixez votre intention sur une guérison complète, sur la réparation de tous les traumatismes du présent et du passé. Cette pièce déborde d'une énergie curative miraculeuse et pendant que vous vous y asseyez et que vous y baignez, ressentez que se dissolvent des vagues d'énergie sombre autour de votre champ, en vous et partout où il y avait des problèmes, des traumatismes ou de la souffrance.

Sentez-vous beaucoup plus légers. Ressentez la légèreté et la sensation de joie vous envahir. Une joie plus grande allège vos fardeaux. Permettez à cette légèreté, à cette beauté, à l'amour et au pouvoir de vous nourrir. Continuez à l'inspirer. Demandez à la Flamme violette ce que vous aimeriez qu'elle accomplisse pour vous. Parfois, entre votre requête et sa réalisation, il vous faudra vivre beaucoup de purification.

Et lorsque vous vous sentez prêts, jetez un regard autour ; il y a des guides, des maîtres, des anges disposés à répondre à vos requêtes. Au fait, les anges, notamment ceux qui travaillent avec l'humanité, viennent ici se recharger avec la vibration de la Flamme violette plusieurs fois par semaine, et souvent au quotidien. L'énergie négative à la surface contaminant leur champ aurique, ils viennent se purifier et se revitaliser. Nous vous invitons à faire de même. Demeurez auprès de nous aussi longtemps que vous le souhaitez et quand vous serez prêts, revenez à la pleine conscience. Soyez désormais attentifs à ne pas recréer par vos pensées, vos sentiments et vos paroles les énergies que vous venez de transmuer.

Nous vous invitons à revenir en ce temple de la cinquième dimension chaque fois que vous le désirerez. La porte vous sera toujours ouverte. Le grand maître Saint-Germain sera toujours présent, et ses anges toujours prêts à vous recevoir et à vous aimer, à vous seconder en vous apportant tout ce dont vous avez besoin. Cela leur fera le plus grand plaisir.

En guise de conclusion, nous vous bénissons tous et diffusons vers vous de l'amour, du courage et de la sagesse. Nous nous joignons aussi à notre cher ami Saint-Germain, occupé à émettre des vagues de Flamme violette dans le cœur de chaque auditeur et à tous ceux qui parcourront ces lignes par la suite. Ainsi soit-il.

Chapitre 10

La transition d'êtres chers

Adama

En raison des bouleversements imminents sur cette planète, plusieurs âmes ont délibérément choisi de quitter leur incarnation physique. Je sais que nombre d'entre vous auront à vivre le passage vers l'au-delà d'un ou de plusieurs êtres chers. Il s'agit de ceux qui ont pris, à ce stade de leur évolution, une décision différente de la vôtre ; je vous incite à concevoir sous un jour nouveau la transition de l'âme que vous nommez « mort ».

Vous savez bien que la « mort » en tant que finalité n'existe pas. Il y a, naturellement, une transition de l'âme depuis l'expérience humaine dans un corps physique vers un autre état, que l'on perçoit comme une mort. Mais finalement, ce n'est qu'un passage pour l'âme, invariablement un heureux moment de délivrance, de liberté et de réunion avec d'autres aspects du Soi. Sachez que cette transition ne constitue presque jamais un événement malheureux pour celui qui part ; une fois pleinement compris, le processus que vous appelez mort sera tout simplement considéré comme une phase de libération, de réflexion et de nouveaux débuts, jamais comme une catastrophe. Quand vous aurez parfaitement saisi cela, vous vous abandonnerez à une période de deuil normale, et par la suite ne vous désolerez jamais du sort d'un disparu. Vous accepterez pleinement son choix, et l'appuierez. En vérité, vous le remercierez avec un respect sincère pour le temps passé ensemble et bénirez sa route vers cette nouvelle expérience, avec la certitude au cœur que la séparation n'est qu'une illusion fabriquée par le mental tridimensionnel. Vous saurez, sans l'ombre d'un doute, que vous allez le retrouver sur les plans intérieurs et que votre lien avec celui-ci est éternel.

Ceux qui s'aiment d'un amour profond au cours d'une vie en particulier se sont d'habitude connus lors d'autres incarnations, et ce, au fil de plusieurs éons. Vous avez vécu, à maintes reprises, la perte de l'autre, et vous vous êtes retrouvés encore et encore pour vivre comme amis ou parents. En vérité, personne n'est jamais mort. Et vous voilà de nouveau ici-bas, bien portants et vivants, tout comme nous.

J'aimerais expliquer que, très rarement, la transition ou la mort d'individus se produit vraiment par accident. Peu importe la forme que prend la transition, celle-ci est planifiée par l'âme de l'autre côté du voile. Ces choix sont effectués par celui qui part, en vertu de diverses raisons liées à la voie de l'âme ou de l'équilibrage des dettes karmiques. Dans la plupart des cas, celui qui va mourir a hâte de passer à de nouvelles aventures au cours de cet incroyable périple que l'on nomme « la vie ».

Voici l'histoire d'une femme bien connue de nous et qui a perdu son fils dans un accident de voiture. Cette perte l'ayant anéantie, elle ne parvenait pas à retrouver son équilibre sur le plan affectif. Pour mieux comprendre la situation, elle a demandé à Aurelia de me canaliser afin de découvrir les raisons cachées de cette tragédie, qu'elle percevait comme une odieuse injustice ; elle allait même poursuivre en justice celui qu'elle jugeait responsable de la mort de son fils unique. Voici la réponse que je lui ai faite, par l'intermédiaire d'Aurelia.

Je souhaite également faire savoir que cette réponse lui apporta un grand réconfort. En la parcourant, elle fut enfin en mesure de s'affranchir du chagrin assez rapidement, de reprendre le cours de sa vie avec joie et espoir, car elle avait désormais la certitude que son fils se portait à merveille de l'autre côté du voile, qu'il l'aimait plus que jamais et se consacrait à la prochaine phase de son évolution.

Je trouve qu'il est important que vous compreniez tous plus profondément ce passage appelé « la mort », car tôt ou tard vous rencontrerez une situation similaire dans votre vie ou celle de quelqu'un de votre entourage. Ceux qui saisiront à fond le phénomène pourront se consoler de la même manière que les maîtres placés devant une telle situation ; ils seront aussi en mesure d'apporter un réconfort aux autres qui n'auront pas encore le privilège d'avoir une perception éclairée de la mort physique. Voici donc cette histoire.

Lettre à une mère

Chère sœur lémurienne,

Je suis heureux – en tant que frère et ami – de communiquer de cœur à cœur avec vous aujourd'hui. Je vous ouvre le mien et vous demande d'en faire autant et de vous éveiller à la vérité de votre être.

Je ressens profondément votre douloureux chagrin, provoqué par la perte de votre fils adoré. Cette réaction est tout à fait normale chez une mère. Mais je vous en prie, ma pauvre amie, il est indispensable que vous consentiez à éprouver cette douleur, ce chagrin, car il est néfaste, physiquement et spirituellement de nier ou de refouler ses souffrances. Et une fois prête, après quelque temps, il vous faudra absolument renoncer à la souffrance et retrouver la joie, car la vie continue puisqu'elle est en perpétuel mouvement.

Vous avez le cœur ouvert, chère sœur, et la douleur causée par la perte de votre fils tant aimé sert de catalyseur permettant à votre cœur de s'ouvrir davantage. Vous savez bien que la mort n'existe pas, qu'il s'agit d'une illusion propre à la perception tridimensionnelle. Si vous pouviez voir au-delà du voile, vous sauriez que votre fils vit, qu'il va bien et qu'il est plus conscient que jamais. Il est à présent en mesure de comprendre les erreurs qu'il a commises envers vous pendant son incarnation physique, et il a obtenu la permission de se rapprocher de vous plus qu'il ne l'a jamais été en cette vie terrestre. Il a désormais pleinement conscience de l'amour profond et vrai que vous éprouviez pour lui ; son cœur s'est aussi ouvert tout grand. Il reconnaît ne pas vous avoir rendu l'amour qu'il vous devait comme il aurait pu le faire, comme vous l'espériez, et ceci l'incite fortement – de son côté du voile – à réévaluer les leçons à assimiler lors de sa prochaine incarnation.

Au cours de votre évolution, vous avez traversé des milliers d'incarnations sur cette planète et avez donné naissance à des milliers d'enfants. Vous avez eu à revenir, encore et encore, et en vérité vous n'avez jamais été bien longtemps séparée de ceux avec qui vous aviez une connexion par le cœur. Votre fils a fait partie de votre vie à plusieurs reprises auparavant, et il reviendra, notamment à l'époque actuelle, lorsque le voile entre les dimensions s'amenuisera progressivement pour finir par se lever dans les années qui viennent. En vous engageant dans le processus d'ascension, vous goûterez bientôt l'expérience de la grande « joie », le bonheur de vous retrouver face à face avec les êtres chers qui ont quitté le monde physique ; vous vivrez cette expérience sans avoir à quitter votre forme corporelle. Imaginez le spectacle, la joie intense que vous procurera cette réunion ! Cela fait partie du plan, chère amie. Gardez vivante la bougie d'amour et d'espoir.

Sentez sa présence auprès de vous et l'amour qu'il vous rend maintenant. Depuis sa transition, il a acquis une compréhension claire qui lui manquait quand il était dans son corps physique. Votre fils a sollicité l'autorisation du Conseil karmique du concile de lumière de demeurer à vos côtés très souvent et de devenir, pour un moment, l'un de vos guides pour vous aider à franchir la prochaine étape évolutive.

Moi, Adama, je vous demande de vous départir de ce sentiment de tragédie. Naturellement, cette mort brutale vous apparaît, de votre côté du voile, comme une tragédie, car il s'agit d'un lien familial très proche. En ce qui concerne votre fils, néanmoins, l'accident qu'il a dû subir était l'œuvre de la destinée, en dépit des apparences. L'homme qui l'a frappé fut l'instrument d'un accord karmique. Sachez que cet accident n'est survenu qu'en vertu d'une décision qu'avait prise votre fils depuis les plans intérieurs de mettre fin à la présente incarnation pour passer au degré subséquent. Sur le plan ultime, il n'y a pas eu d'accident ; il s'agissait plutôt de la mise en œuvre d'un choix de l'âme en vue d'une progression évolutive.

D'un point de vue spirituel, le moment n'était pas venu pour votre fils de se joindre au processus d'ascension tel que vous l'aviez décidé pour vous-même. Il restait trop de questions à résoudre depuis une perspective différente. Sachez qu'il lui aurait été très difficile de les solutionner dans le cadre de l'expérience incarnée qu'il vient d'achever. En choisissant de quitter son corps à ce moment-là, votre fils a eu la chance de préparer avec beaucoup plus de sagesse et de perspicacité ses objectifs et sa destinée pour la prochaine incarnation. Il reviendra dans quelques années sous la forme d'un enfant prodige appartenant au « monde nouveau » : il fera le bonheur sur terre et prêtera main-forte autour de lui. Dans sa prochaine incarnation, il sera bien mieux équipé sur le plan affectif pour réaliser ses rêves et atteindre ses objectifs spirituels qu'il ne l'aurait été maintenant.

En ayant choisi de quitter aujourd'hui son corps en vertu du choix de son Soi divin, il sera en mesure au cours de sa prochaine vie d'ascensionner sans les souffrances, les problèmes et les épreuves qu'il aurait rencontrés s'il était demeuré ici-bas. Et en raison du grand amour que vous éprouviez envers cet être, vous l'avez aidé à recevoir cette exemption pour sa prochaine incarnation. Il vous est infiniment reconnaissant de cet amour inconditionnel constant que vous lui avez accordé lorsqu'il était dans sa forme corporelle.

Sachez que votre fils vous le rend bien à l'instant même, doublement et triplement. Il vous épaule afin de préparer la voie en vue de votre retour à la maison. Puisque vous l'aimiez tant, sans réserve aucune, acceptez son choix de passer à la prochaine étape. Depuis notre point de vue et celui des objectifs spirituels, quitter son incarnation représentait une décision juste et bénéfique.

Votre fils vous aime énormément et souhaite vraiment vous voir heureuse, débordante de la joie qui est votre nature véritable. Il ne veut pas que vous refouliez votre chagrin et désire plutôt que vous acceptiez son départ comme si c'était la meilleure chose qui lui soit arrivée. Il vous dit : « *Maman, je vis toujours et je me sens beaucoup mieux. La vie ici est merveilleuse et je me prépare à nos retrouvailles sur le plan physique. Ce ne sera pas long avant que nous nous retrouvions face à face ; tu sauras que je ne t'ai jamais quittée. Pendant mon absence apparente, prends le temps de te donner de l'amour, de devenir l'amour que tu es et de ressentir ta joie et ta vivacité. Voilà ton prochain test, ta prochaine mission.* »

Votre enfant veut que vous réévaluiez vos convictions au sujet de l'étape de la vie qu'on appelle la « mort ». Cet incident, cette « transition » vers l'autre monde vous offre l'occasion de progresser en conscience. Posez-vous des questions. Existe-t-il un phénomène tel que la mort ? N'est-ce pas plutôt la transition depuis une expérience physique vers une réalité plus vaste ? Est-ce que je connais vraiment mon fils ou appartient-il à Dieu, comme toutes les autres âmes évoluant ici et ailleurs ? Mon rôle en tant que mère consistait-il surtout à le parrainer et à seconder son âme au cours d'une expérience incarnée sur terre pendant un moment, en vertu de quoi nous avons tissé des liens qui perdureront éternellement ? Mon fils est-il vraiment mort ou vit-il dans un autre plan de conscience, plus vibrant et dynamique que jamais ? Notre séparation est-elle permanente ou n'est-ce qu'une illusion éphémère ? Puis-je choisir de continuer à vivre dans l'amour et dans l'étreinte du Soi divin tout en profitant de ma vie de nouveau, même en l'absence de mon fils unique, ou est-ce que je préférerais m'attarder dans le chagrin au lieu de me détacher et de lâcher prise ?

Très chère sœur, je connais votre cœur et je vous transmets mon amour le plus sincère. Veuillez accepter ce don de paix de la part d'Adama, et restez joyeuse. Songez à la mort de la forme physique de votre fils comme à la métamorphose de la chenille en un magnifique papillon. Soyez vous-même ce papillon et, sous peu, tous deux vous jouerez, folâtrerez et rirez ensemble dans le jardin de Dieu.

Je suis Adama, père de tous.

Partie 2

CHAPITRE 11

Confrérie de l'orme / Sororité de la rose

Par Andal et Billicum

Salutations et bénédictions à nos frères et sœurs de l'intérieur de la Terre et à ceux de la surface.

Nous sommes Andal, de la Confrérie de l'orme, et Billicum, de la Sororité de la rose. Nous venons à vous aujourd'hui en tant qu'émissaires de nos peuples, dans le but de vous faire connaître un royaume appartenant à cette planète, mais qui demeure toutefois peu connu. Nous avons en effet conscience qu'il vous reste plusieurs univers à découvrir ici-bas à mesure que s'étend votre conscience pour accueillir une plus grande part de la vibration d'amour. La révélation de royaumes dont vous n'aviez pas soupçonné l'existence mettra de la joie et de nouveaux chants dans vos cœurs.

Ensemble, nous formons une famille qui rassemble des énergies représentant à la fois le royaume végétal et le royaume cristallin (dont les pierres et les minéraux). Nous sommes, disons, une race d'explorateurs ayant étudié, entreposé et disséminé le plein rayonnement des énergies et de la beauté retrouvées au sein de ces règnes.

Notre mission s'étend sur plusieurs millénaires ; nous avons joué un rôle actif dans l'histoire de la planète depuis l'époque de la Lémurie. Notre existence précède celle-ci, mais notre éveil au service ne s'est pas produit avant que le cœur de la Lémurie ne s'éveille. Notre stature semble de dimensions moindres que celle de nos cousins lémuriens, mais notre signature énergétique est fort longue. À vos yeux, nous, de la Confrérie de l'orme, ressemblerions beaucoup aux « *hobbits* » de votre littérature populaire. Et nous, de la Sororité de la rose, sommes très similaires à vos représentations des fées.

Dans les domaines éthériques, en revanche, les membres de la Confrérie ont l'apparence de très grands êtres verts étincelants diffusant une énergie puissante qui se relie à votre troisième chakra (ou plexus solaire) et descend le long des autres chakras inférieurs pour ensuite plonger dans la Terre elle-même. Quant aux membres de la Sororité, ils prennent la forme de sphères roses pulsantes qui se connectent à votre chakra du cœur (ou âme) et s'élèvent vers le septième chakra pour atteindre la source divine.

Ensemble, nous alimentons les énergies des êtres humains qui peuplent la surface chaque fois qu'ils voyagent dans les royaumes naturels où nous existons. Ces déplacements peuvent s'effectuer sous forme éthérique ou physique. Nous sommes à votre disposition quand vous nous invoquez pour partager avec vous ; nous imprégnons alors vos corps physiques et éthériques du rayonnement des règnes végétal et cristallin. Si vous souhaitez entrer en contact avec nous et échanger, il vous suffit de former l'intention de nous inviter dans votre champ aurique ; ceci nous permettra d'évaluer votre état énergétique actuel et d'émettre vers vous les énergies qui rééquilibreront ce champ. Nous collaborons étroitement avec la conscience des cristaux qui parsèment votre environnement, de même qu'avec les énergies des plantes et des arbres qui vous entourent.

Nous avons passé nos incarnations ici-bas à explorer, à cataloguer, à analyser et à créer diverses formes et méthodologies pour le plein spectre des espèces végétales et minérales. Chaque espèce, flore ou faune, pierre ou éther, possède son propre spectre de rayonnement, son rayon de vibration correspondant. À l'intérieur de cet ensemble de caractéristiques, des variations existent ; songez, par exemple, à l'incroyable variété de roses. Nous les avons toutes étudiées, et avons conservé les réminiscences et les qualités de tout ce que nous avons vécu. En somme, nous représentons la bibliothèque vivante, palpitante des règnes végétal et cristallin.

À cet effet, nous collaborons étroitement avec les êtres de l'intérieur de la Terre afin d'équilibrer et d'harmoniser les milieux conçus pour les abriter. Nous travaillons aussi avec les habitants de la surface qui sont en mesure de s'harmoniser avec nos énergies, et qui y parviendront. Vous connaissez bien l'un de ces êtres, il se nomme Edward Bach. Son travail sur les essences florales fut inspiré par ses interactions avec nous dans les domaines éthériques. Ses jardins et ses boisés en Grande-Bretagne furent des lieux de prédilection où invoquer la radiance du règne végétal.

Plusieurs autres ont depuis enrichi son répertoire d'essences, qui constitue la réémergence d'un savoir sur les énergies des plantes et leur usage visant à seconder les populations à la surface. Ce savoir que nous détenons est offert à tous ceux qui désirent en faire l'expérience et s'en servir. Vous n'avez qu'à entrer en contact avec nous pour recevoir l'information. Ces mêmes énergies seront peut-être attirées à vous simplement en appelant leur essence ou leur énergie par leur nom. Il en va de même pour les règnes cristallin et minéral.

Notre travail avec les gardiens de la Terre intérieure consiste à protéger ces vibrations contre les perturbations qui ont touché l'évolution à la surface. Chacun de nous est un réservoir préservant une vibration spécifique. Nous conservons cette vibration depuis la naissance et la transmettons à un autre au moment où nous quittons ce royaume.

La planète entière est notre lieu d'existence, et nous faisons partie d'un réseau constitué des sociétés de la Terre intérieure qui existent depuis la naissance de la conscience de ce monde. Nous sommes en contact avec toutes ces autres sociétés et formons une université virtuelle offrant informations, expériences et impressions vibratoires à ceux qui souhaitent explorer ces ressources.

La plupart d'entre nous vivent dans une dimension légèrement supérieure à la vôtre. Puisque la troisième dimension est en transit vers la quatrième, nous sommes au seuil de votre champ visuel, si l'on veut ; par contre, ceux qui arrivent déjà à percevoir au-delà des voiles dimensionnels nous distinguent facilement. Même si nous pouvons abaisser notre vibration et nous rendre visibles pour vous assez facilement, nous préférons généralement ne pas le faire parce que nous appartenons au détachement chargé de vous aider à hausser votre vibration. Si nous tous des quatrième et cinquième dimensions décidions de vous apparaître, là, dans votre état actuel, vous n'auriez aucune raison de vous élever au-delà de celui-ci. Nous servons en quelque sorte d'appâts pour vous attirer à nous ; ainsi, nous vous demandons de prendre les mesures qui s'imposent pour hausser votre vibration et nous rejoindre ici, dans notre dimension et au-delà.

La Terre elle-même agit en ce sens et collabore avec nous, car elle fait tout en son pouvoir pour s'élever et hausser l'humanité vers le niveau subséquent, et finalement passer à son état pleinement ascensionné. Il est de toute première importance que nous unissions nos efforts vers le même but : la seconder dans ce prodigieux périple.

Nous vous invitons à nous invoquer à votre guise. Vous pouvez appeler les énergies de n'importe quelle fleur, n'importe quel arbre et demander que le membre de la confrérie qui porte cette signature vous apparaisse. Il en va de même pour l'énergie des cristaux. Invoquez tout simplement cette énergie et demandez que le membre de la sororité qui la détient vienne à vous. Cela peut survenir sur le plan éthérique ou physique, selon votre réceptivité ; soyez toutefois assurés que le contact sera établi. L'emploi des essences florales et cristallines vous aidera aussi à instaurer ce contact, car celles-ci impriment au corps physique une signature identifiable à laquelle se rattacher.

Nous avons également commencé à imprimer dans l'ADN de chaque enfant qui naît aujourd'hui à la surface une série de caractéristiques porteuses de ces vibrations. En vérité, chacun de ces enfants « de cristal » représente un cristal en particulier. Les générations ultérieures continueront d'être imprégnées de divers aspects de cette énergie, jusqu'à ce que le plein rayonnement du règne cristallin soit présent dans l'ADN de l'ensemble des peuples incarnés et que les populations sur terre deviennent une matrice cristalline des énergies assurant l'équilibre de la conscience de Gaïa.

Des générations d'enfants « de la rose » portant en leur ADN l'essence pure de l'amour de la Terre s'incarnent déjà sur votre globe. Elles viennent guérir le corps émotionnel de votre planète et réinvestir celle-ci de la vérité au sujet de ses origines divines. Cette guérison conduira au retour de l'éden auquel aspirent tant d'entre vous. Après un certain temps, toutes les âmes incarnées ici-bas seront douées du plein rayonnement de l'ensemble de ces vibrations et notre service à Gaïa sera accompli.

Ceux qui résident à l'intérieur de la Terre portent depuis longtemps déjà ces énergies en eux, ce qui favorise la création et la manifestation de structures cristallines, d'écosystèmes luxuriants, somptueux et joyeux, et d'énergies équilibrées dans leur environnement. Ce mode de vie transformera le visage des sociétés de la surface une fois que sa nature sera pleinement incarnée et comprise, car le cristal a pour propriété de capter et de contenir, ou d'agir comme lentille génératrice de la plus authentique expression de substance provenant de la source divine. La disposition du cœur se résume à engendrer ce qu'on aime et à l'aimer sans condition.

Puisque vos frères et sœurs vivant au sein de la Terre s'efforcent de vous aider à vous ouvrir davantage à la plénitude de votre vibration, à la complétude de votre rayonnement, nous collaborons étroitement avec eux pour fournir de merveilleux outils visant à votre éveil.

Nous entretenons avec les citoyens de Telos un rapport collégial. Autrement dit, nous les secondons afin d'harmoniser les vibrations de la surface pour qu'ils puissent enfin émerger et se joindre aux nombreux Lémuriens incarnés vivant près du mont Shasta et en d'autres régions de la planète. Nous leur offrons notre aide, essentiellement, en ajoutant à leur requête des énergies spécifiques à la grille qui émanent depuis Telos au travers du mont Shasta. Cette grille est administrée par Adama et permet d'ouvrir les énergies de ceux qui sont prêts à incarner leur présence pleinement christique et qui vivent près du mont Shasta ou ailleurs en ce monde.

Cette grille possède plusieurs composantes et divers niveaux d'énergie ; nombre d'êtres s'occupent à cette entreprise pour donner à Adama l'entière latitude dont il a besoin pour ses transmissions au travers de cette grille multidimensionnelle. Nous participons tous à une destinée d'envergure et cette grille constitue l'un des nombreux procédés par lesquels les énergies sont harmonisées.

Notre savoir et la bibliothèque de signatures vibratoires de plantes et de cristaux variés servent à Adama et à son équipe dans le but d'ensemencer la grille avec une force vitale supérieure indispensable pour pénétrer la dimensionnalité plus dense de la surface. Nous créons une vague énergétique pour chaque signature requise diffusée au travers de la grille, de sorte que son intensité s'harmonise au stade subséquent possible au-dessus de la vibration actuelle. À certains moments, cette vague est diffusée au deuxième degré d'intensité au-dessus de cette vibration. Il s'agit alors d'époques de transformation rapide, car deux degrés au-dessus correspond au maximum où amener cette vague si l'on veut que les gens arrivent à l'intégrer.

Nos activités touchent toutes les cités du réseau Agartha, de même que celles du milieu et de l'intérieur de la Terre. À Telos, nous avons beaucoup contribué, par notre nombre et nos efforts, à l'exquise beauté qui règne et à la cristallisation des matériaux employés pour leur technologie sophistiquée qui comprend, entre autres, divers modes de transport et des techniques garantissant le renouvellement rapide des ressources alimentaires. Nous secondons aussi la création de prodigieux cristaux avec lesquels sont construits les temples, et de gemmes exquises qui composent leurs résidences. Même les demeures les plus somptueuses sur terre ont l'air ternes en comparaison des palais prodigieux qu'habitent les Lémuriens. Notre collaboration étroite avec eux, l'aide que nous apportons aux miracles dans leur vie sont possibles parce que leur vibration en est une d'amour et d'harmonie.

Nous éprouvons toujours pour vous l'amour et le désir de seconder votre voyage ressentis par vos frères et sœurs télosiens. Plusieurs parmi nous souhaitent participer à la première vague qui émergera des royaumes de lumière au sein de la Terre pour aller à votre rencontre. Et nous espérons, mes amis, que cette émergence sera imminente. Il est temps que tous les habitants de cette merveilleuse planète s'unissent dans l'amour et la fraternité, en une grande famille. Nous l'avons déjà fait dans le royaume éthérique, c'est désormais votre tour. Seule votre perception suffira à provoquer cela. Bien que cette perception se manifestera avec la transition, votre passage dans le domaine où nous vivons et au-delà sera un voyage éblouissant et béni que nous désirons faire avec vous.

Nous résidons une contrée de pur enchantement, un pays où licornes et dragons jouent dans des forêts irisées et où les oiseaux tissent des oreillers où se reposer. Nous vivons en des lieux où il est possible de bavarder avec des nuages qui emporteront notre amour vers la Source de tout. Dans notre dimension, tous les êtres connaissent leur nature intrinsèque et s'y abandonnent ; l'éclat de notre amour et des harmoniques forme un halo d'énergie qui alimente chacun de nous. Nous vous invitons à nous rendre visite à votre guise et à amener votre conscience de ce royaume dans votre perception quotidienne. Nous vous invitons aussi à semer au jardin de votre cœur les fleurs de vos rêves et à découvrir les cristaux de votre âme. Nous rendons hommage à votre arbre de vie dans la forêt de notre communauté.

Maintes bénédictions et tous nos souhaits de joie pour votre retour à la maison, vers nous tous.

CHAPITRE 12

Les énergies cristallines

Par Billicum, de la Sororité de la rose

Comme plusieurs sociétés d'ouvriers responsables de la matrice cristalline, la raison d'être de la Sororité de la rose est de garder l'espace pour l'humanité et la Terre afin qu'elles retrouvent l'intégrité de leurs structures cristallines. Le travail sur la grille magnétique ayant été complété un peu plus tôt dans l'année, cela permet de redynamiser la grille cristalline à l'intérieur du globe, de faire en sorte qu'elle se développe.

Sur le plan structural, les cristaux croissent par ajouts. Le processus fait appel aux énergies de la transformation – les élémentaux du feu et de la terre –, en réalité un amalgame, une fusion des énergies féminine et masculine. Une forme cristalline pure deviendra alors transmettrice de ces énergies combinées. Au sein de la structure de l'ADN humain, le même processus s'enclenche aujourd'hui : vous ajoutez à votre structure les formations requises pour porter une vibration affinée et purifiée.

Les humains s'ouvrent peu à peu et fusionnent, en eux-mêmes, les énergies masculine et féminine. Comprenant peu à peu, sur le plan énergétique, la dualité qui règne en eux et en leur monde, ils sont maintenant disposés à passer à une autre phase de leur évolution.

La Terre va désormais au-delà de la dualité. Plusieurs des sites sacrés connus, par exemple à Sedona et plus spécifiquement au mont Shasta, ont modifié leur vibration féminine ou masculine en un alliage des deux qui recèle l'ensemble des résonances de l'étincelle divine et du féminin sacré. Et l'humanité elle-même a entrepris le même voyage. La Sororité de la rose et notre contrepartie, la Confrérie de l'orme, sont les serviteurs de la planète tout entière ; leurs quartiers généraux se situent cependant sous le mont Shasta. Nous collaborons étroitement avec les civilisations de l'intérieur de la Terre, en particulier avec l'énergie lémurienne. C'est elle qui, à l'heure actuelle, éclaire la voie en conscience pour rendre service à la planète et à l'humanité, aidée par de nombreuses civilisations, en vue de la « grande réunion ». Ce rassemblement ne sera pas uniquement celui de civilisations désunies depuis longtemps, mais aussi la vaste réunification de tous les royaumes planétaires en un amour et une voix uniques, incluant les règnes que vous connaissez déjà et plusieurs autres qui vous étaient demeurés inconnus.

Les enfants qui naissent sont doués de ces nouvelles structures et ont déjà une compréhension innée du monde existant au-delà de la dualité. Ils se connectent par un puissant amalgame de masculin et féminin ; en fait, ils ne font pas appel à ces étiquettes, sauf pour se conformer aux normes de notre société contemporaine.

Vous, les humains présentement ici-bas, êtes chargés de la plus grandiose et, en un sens, de la plus importante des tâches. Car c'est vous qui, au nom de la Terre, avez porté le plus longtemps dans vos systèmes la résonance jusqu'à son présent degré vibratoire. C'est également avec vous qu'elle s'identifie le plus. Vous êtes tous venus pour cet objectif d'envergure. À mesure que vous ajoutez à votre structure, la Terre augmente la sienne. À mesure que vous ouvrez votre conscience et votre cœur à la complétude de la métamorphose en cours, elle obtient des ressources servant à son évolution.

Par l'incarnation, vous avez un lien avec ceux d'entre nous qui détiennent ces énergies cristallines pures sur le plan éthérique, et ce lien sert à exprimer sur le plan physique ces mêmes structures subtiles. Nous sommes ici pour vous conseiller à ce sujet ; nous ne pouvons prévoir ni choisir en votre nom le tracé de ce voyage. Il revient à chaque individu de découvrir l'itinéraire qui lui convient le mieux. Mais nous pouvons garder pour vous l'espace nécessaire afin que vous y parveniez, et vous aider devant toutes les options et tous les potentiels qui se présentent à vous.

Vous avez toutefois la plus importante tâche à accomplir, car c'est sur le plan physique que l'essentiel de la transformation doit survenir afin d'aider la planète dans son évolution et son éveil. Vous ressentirez de grands bouleversements dans votre organisme. Certains constateront peut-être que quelques organes en eux ne fonctionnent pas bien ou que leur vitalité, qui était constante jusqu'ici, paraît altérée. Vous éprouverez peut-être le besoin impérieux de modifier votre régime alimentaire – le type et la quantité d'aliments consommés. Vous aurez le désir pressant de désintoxiquer votre corps.

Ces transformations physiques doivent toutes être prises en compte ; vous devez écouter cette impulsion qui vous pousse à prendre soin de votre corps physique. Bientôt, plusieurs produits apparaîtront sur le marché – certains sont déjà disponibles – visant à soigner le corps beaucoup plus en profondeur que ceux qui existent actuellement. Il est indispensable que vous vous les procuriez et que vous divulguiez cette information dans vos communautés et vos cercles d'amis.

Vous avez toujours respecté et incorporé les communautés de cristal en vos vies. Dans les temps modernes, nous avons été utilisés dans vos appareils de communication et nous sommes aussi présents dans les bijoux et les joyaux dont vous vous parez. Plusieurs d'entre vous nous ont également identifiés dans notre contexte naturel et nous ont emportés en leurs demeures et en leurs temples.

Ceux parmi vous qui nous voient dans les plans éthériques perçoivent nos formes vaguement humaines et nous accueillent ainsi. Comprenez que peu importe comment vous choisissez de recevoir nos énergies, nous sommes ici pour vous soutenir dans vos efforts visant à réaliser votre plein potentiel sous forme physique et pour assister la planète dans cette même entreprise.

❦

Le noyau du globe, le soleil central interne, est un immense cristal. Il existe dans la cinquième dimension et diffuse à la planète la vibration vers laquelle elle évoluera. Le soleil central, d'une vibration similaire au grand astre central de l'univers, est secondé sur le plan énergétique par ce dernier. Ce Grand Soleil central universel opère dans une dimension et une structure énergétique beaucoup plus élevées. L'être que l'on nomme Grand Maître Cristal est celui qui personnifie cette énergie depuis le noyau même du soleil central de cet univers ; il irradie et nourrit tous les astres cristallins. Pour employer un terme que vous pouvez comprendre, il est le maître suprême, la tête ou le hiérarque de toute conscience cristalline pour cet univers. Au service du Dieu père/mère, l'alpha et l'oméga, il consacre l'essentiel de son énergie et de ses efforts à appuyer la transition en cours, à aider à la résurrection et à la restitution de cette planète afin de la mener à sa destinée originelle, glorieuse. Une portion importante de son immense conscience est désormais ici, à l'intérieur de la Terre, afin d'aider et d'ajouter à l'énergie solaire interne locale et à d'autres cristaux, en vue de cette tâche des plus délicates.

Partout dans le monde, des cristaux de la cinquième dimension portent des énergies du soleil central. Ceux des troisième et quatrième dimensions qui habitent la planète acquièrent leur forme à partir de cet anneau de cristaux de la cinquième dimension. Nous, des plans éthériques, sommes la conscience du Grand Cristal central ayant pris forme. Nous ne sommes que l'une des représentations de l'amour/lumière qui rayonnent du cœur de la planète.

Une fois la transformation de la grille magnétique achevée, nous avons été en mesure d'entamer l'étape subséquente de notre travail sur terre. Nous avons dès lors commencé à œuvrer avec des groupes, petits et grands, constitués de personnes désireuses d'apprendre le fonctionnement de la grille cristalline et des techniques de guérison et de transmutation qui deviennent accessibles grâce à cette expansion. Chacun de ces groupes diffusera bientôt sur une échelle globale l'information reçue.

Les énergies cristallines présentent deux types de fonctions. En effet, nous sommes à la fois les transmetteurs d'énergies au-delà du monde physique et les dépositaires d'informations. Aujourd'hui, nous entamons le second volet tout à fait crucial de notre travail, car la conscience de l'humanité et de la planète s'éveille une fois encore à l'information que nous détenons et désirons partager avec vous.

Au cours des mois qui viennent, on nous désignera sous différents noms. Plusieurs groupes entreront en contact avec nous et exprimeront divers aspects de notre mission sur le plan matériel. Sachez que chacun de ces noms nous évoque. Que chacun de ces groupes nous représente intégralement. Et sachez aussi que le travail que vous effectuez individuellement relève du même vaste projet. Nous nous présenterons sous la forme appropriée à l'assemblée ou aux personnes concernées, car chacun de vous porte en lui son propre lot d'images et de formes qui nous permettent de le rejoindre.

Nous vous demandons de ne pas laisser les images, les formes ou les noms que d'autres nous ont attribués influencer votre avis sur nous sans d'abord être à l'écoute de votre pressentiment. Les messages de votre cœur constituent l'aspect le plus important de cette information, non pas l'étiquette ou l'image qui se présente à votre mental conscient.

L'ego humain représente une puissance considérable ; il faut en tenir compte. La tâche la plus importante est donc de vous connaître à fond. C'est par l'entremise de votre centre cristallin que nous communiquerons avec vous. Sélectionnez un ou plusieurs cristaux avec lesquels vous travaillerez afin d'expérimenter la vibration de votre noyau cristallin. Demandez à ces gemmes de s'accorder à votre vibration essentielle et de vous aider à augmenter et à développer cette vibration au rythme qui vous convient. En achevant votre travail avec une collection de cristaux, soyez ouverts aux nouveaux maîtres cristallins qui se trouveront sur votre chemin.

Il n'est pas opportun de suivre un seul modèle ou procédé de transformation. L'époque se prête à adopter sa propre méthode, sachant que ce travail apporte au tout et permet de créer un nouveau paradigme planétaire. L'effort que vous accomplissez en tant qu'individus contribue au travail de groupe qui, à son tour, participe à la société ; et si les sociétés collaborent harmonieusement, alors la planète se transforme.

CHAPITRE 13

Message de Posid

Galatril

Salutations, bien-aimés frères et sœurs. Je suis Galatril, membre de troisième grade du Concile de Posid, sous le Mato Grosso au Brésil. J'occupe ce poste depuis plusieurs de vos siècles et l'essentiel de ma mission a consisté à guérir les énergies du passé.

Nous, habitants de la cité ressuscitée de Posid, sublime contrée lumineuse de la cinquième dimension, ainsi que ceux qui vivent dans les cités atlantéennes au sein de la Terre, reconnaissons que notre vibration inspire une grande méfiance chez ceux qui ont vécu le cataclysme de l'Atlantide. Les énergies de cette époque et l'aspect masculin ont subjugué par l'énergie mentale l'équilibre féminin du cœur, ce qui suscite la peur et l'angoisse chez plusieurs qui seraient autrement intéressés à établir une communication avec nous. C'est pourquoi nous vous demandons d'accepter d'évacuer toute connexion antérieure avec nous et de ressentir désormais en vous l'amour profond que nous éprouvons à votre égard. Depuis l'anéantissement de notre continent, nous avons beaucoup travaillé à faire évoluer notre conscience et à accueillir les énergies d'amour du cœur. Nous nous sommes longtemps et constamment efforcés de rééquilibrer ces énergies si mal employées par le passé. Aujourd'hui, nous vous remercions, avec grande joie, de consentir à ce que nous vous tendions la main et à ce que nous nous adressions à votre cœur. Nous parlons par amour, et si vous le permettez, nous pouvons guérir votre âme des traumatismes antérieurs que tant d'entre vous, sinon tous, ont subis autrefois.

Dans l'Atlantide de jadis, nous étions d'une arrogance excessive et nous avons perturbé la planète très violemment à cause de nos forts ego et de notre mauvaise utilisation de la technologie. Depuis, nous avons passé notre temps à servir la Terre et ses tréfonds intérieurs, les élémentaux, les esprits de la nature et nos frères et sœurs lémuriens, car il fallait corriger les dommages et apaiser les souffrances extrêmes qui leur avaient été infligées, comme à vous. Nous avons aussi énormément appris sur la soif de connaissance de l'âme et sur la manière dont ces désirs doivent être équilibrés par les pressentiments plus profonds du cœur.

Après l'engloutissement de l'Atlantide, nos frères et sœurs lémuriens ont partagé leur expertise et se sont offerts comme mentors pour l'étape d'évolution subséquente. Nos guides, nos guérisseurs et nos enseignants détenaient les énergies de compassion, de sagesse et de connaissance en notre nom afin de nous permettre d'évoluer à partir de nos tragédies passées ; ils étaient pour la plupart de Telos tandis que d'autres provenaient de cités lémuriennes. Pendant fort longtemps, leur secours, leur affection et leur tolérance furent les seules lumières qui s'immisçaient dans les coins les plus sombres de nos cœurs et de nos âmes. Notre lien avec eux nous éleva de plus en plus haut dans la conscience d'amour et de fraternité vraie ; nous invitons l'humanité à faire de même.

Nous vivons sous le Brésil en raison de la teneur hautement cristalline de son sol. Aujourd'hui, nous sommes les gardiens de ces énergies pour éviter qu'elles soient manipulées encore une fois par ceux qui ne participent pas au plan divin ni ne le comprennent. Tandis que par le passé nous aurions résolument fait appel à la puissance considérable de ces énergies pour acquérir pouvoir, hégémonie et autorité, aujourd'hui nous veillons sur elles. Il est donc approprié que nous soyons leurs gardiens, car nous les comprenons à fond et avons aussi subi les répercussions néfastes de leur mauvais emploi. Il nous est possible d'observer finement leur courant. C'est un service que nous rendons à nos frères et sœurs lémuriens, que nous considérons comme notre chère « famille ». Ils synthétisent et harmonisent ces énergies à l'époque actuelle de transformation de la planète.

Plusieurs éléments de notre mode de vie ressemblent à ceux de Telos. Nous occupons tous des positions de responsabilité dans la communauté ; nous passons aussi beaucoup de temps au service de Gaia et de nos frères et sœurs incarnés à la surface. Une bonne part de notre travail consiste à programmer des outils de cristal qui émergeront sous peu. Nous avons la technologie nous donnant la possibilité de créer, à partir de la structure organique des strates souterraines, une nouvelle forme de cristal qui émet une vibration énergétique bien supérieure.

Ces cristaux sont maintenant sur votre monde. Ils interagiront avec les milieux où ils sont introduits et exerceront une désintoxication sur tous les degrés de vibration plus dense. De plus, ils sont réceptifs aux intentions conscientes des individus qui veulent travailler avec eux et se prêteront volontiers à cela. Cependant, ils n'exprimeront qu'une intention à la fois, et uniquement celles qui s'inscriront dans la vibration du plan divin. Il s'agit là d'une première vague d'outils de guérison ; d'autres suivront bientôt. Ces cristaux refléteront également la couleur vibratoire de la personne qui s'en servira et pourraient changer de vibration s'ils sont transférés à une autre.

À Posid, nos édifices sont fabriqués d'un matériau cristallin très similaire ; cette énergie a sérieusement contribué à guérir nos émotions toxiques ainsi que celles de la Terre elle-même, là où nous vivons. Nous éprouvons un sincère désir d'apporter notre secours aux peuples de la surface au moment opportun. Nous souhaitons contribuer à l'érection de vos cités de lumière avec ces mêmes matériaux curatifs. Par ailleurs, ces cristaux seront en mesure de guérir votre sol, de réénergiser toutes vos ressources alimentaires et de servir à plusieurs usages.

Par nos gestes et nos échanges avec vous, nous désirons exprimer l'amour et la compassion dont la planète a besoin pour réinstaurer une civilisation unie. Notre but premier consiste à aider à la manifestation de la conscience d'unité pour cette sphère, dans toutes ses dimensions et tous ses royaumes. Nous aimerions revivre avec vous, face à face, l'amour qui apportera la plus grande joie, les plus grandes bénédictions aux gens de la surface, qui partageront leur monde avec nous tous de l'intérieur.

Nous pouvons ici vous révéler que dans les mondes supérieurs de la cinquième dimension, l'Atlantide et la Lémurie manifestent pleinement les énergies du plan originel conçu pour ces continents. L'Atlantide représente les énergies du Père divin et la Lémurie, celles de la Mère divine. Et, actuellement, nous collaborons dans la conscience d'union céleste non seulement pour assister dans l'amour et la conscience d'unité les gens et leur continent respectif, mais également pour les amener à devenir les guides et les mentors bienveillants, les modèles d'unité pour les autres civilisations évoluant ici-bas, des âmes cadettes ayant moins d'expérience.

En reconnaissance des multiples existences passées à tenter de vous dissocier des vibrations originelles de l'Atlantide, nous vous demandons de vous livrer à un simple exercice méditatif qui, nous l'espérons, vous aidera à purifier ces vibrations désuètes, en sorte que d'autres puissent s'implanter dans la conscience évolutive de cette planète.

Nombre d'entre vous ont déjà une connaissance pratique de certaines aptitudes et ressources technologiques inventées en Atlantide. Le moment est venu pour que celles-ci réapparaissent au sein d'une vibration d'amour et de dévouement, et non pas d'ego et de pouvoir. En dissipant votre résistance aux anciennes énergies et expériences, tout ce qui était bien – les innombrables prodiges atlantéens – sera de nouveau à la surface grâce à vous.

Ni l'Atlantide ni la Lémurie ne reviendront dans le monde matériel. Elles renaîtront plutôt à travers les énergies des âmes incarnées à l'heure actuelle. Les habitants de la Terre réinstaureront et exprimeront les dons et les ressources de ces civilisations sous des formes inédites, brillantes.

Nous vous invitons maintenant à voyager vers le cœur cristallin de votre âme. Visualisez un centre scintillant juste derrière le cœur physique, qui transmet des vagues d'énergie ondulantes et pulsantes au travers du corps et dans le champ aurique de Gaia. Votre centre cristallin vibre en résonance avec celui du globe terrestre. En vous concentrant sur votre soleil central cristallin, tendez-vous vers votre savoir inné, grâce à l'amour, dans le soleil central cristallin du noyau terrestre.

Suivez le sillage d'énergie qui part de vous et se diffuse à l'intérieur de la Terre ; prêtez attention aux images qui se dessinent le long de ces vagues énergétiques. Il peut s'agir de couleurs ou de sons, de scènes de l'époque de l'Atlantide, mais aussi de motifs géométriques ou d'images de personnes connues jadis. Dans chaque cas, tendez vers ces images, imprégnez-vous d'elles et entourez-les de pulsations d'amour émanant de votre cœur cristallin ou cœur sacré.

Ne tentez pas de les expliquer ou de les déchiffrer. Cette connaissance vous viendra au moment opportun, de son propre gré. Enveloppez simplement ces transmissions énergétiques datant de l'époque de l'Atlantide de l'amour puissant que vous offrez au service de votre monde. Portez ces résidus énergétiques, ces énergies orphelines à l'unicité qui sous-tend votre soleil central et celui de la Terre.

Permettez à la pureté du divin de les guérir et de les réformer. Consentez à ce que se déploie le plan divin ; abandonnez-vous-y, car il nous porte tous en ses mains bienveillantes. Et surtout, acceptez d'évacuer des éons de douleur, de chagrin, de culpabilité et de honte. Vous, qui êtes incarnés aujourd'hui, n'êtes pas responsables des erreurs de jugement commises à l'époque de l'Atlantide.

Il ne vous revient pas de redresser des torts, car en vérité aucun mal n'a été perpétré. Il n'y eut que des leçons assimilées par une civilisation qui avait opté pour la voie de la compréhension. Et cette voie exigeait de recevoir les plus importantes initiations jamais présentées sur terre. Nous, qui habitions en Atlantide, et plusieurs d'entre vous qui y étaient aussi, avons eu le choix de faire l'expérience, sous tous ses angles, de la séparation entre le mental et le cœur. Nous avons alors opté pour des expériences qui pousseraient plus loin cette compréhension ; nous nous y sommes livrés de plein gré.

Aujourd'hui, nous vous offrons de partager avec vous tout ce que nous avons appris jadis. Et nous demandons à ceux d'entre vous qui étaient là avec nous d'éveiller votre connaissance de ces temps et de la répandre autour de vous.

Nous ne souhaitons pas rétablir les cités atlantéennes d'autrefois ; nous voulons plutôt ériger de nouvelles communautés qui s'étendront et évolueront à partir de notre amour mutuel et de notre désir commun d'accomplir cela.

Jamais plus, nous ne vous présenterons des technologies susceptibles d'engendrer une dissociation du mental et du cœur. Nous ne vous les apporterons que lorsque vous aurez atteint une vibration aimante et communale. Par la suite, vous reproduirez ces outils dans les quatrième et cinquième dimensions, en y ajoutant également des technologies de votre cru.

Nous avons glané beaucoup de sagesse de la disparition de notre civilisation, due alors à notre manque de vision. Nous désirons partager ce que nous avons appris avec vos dirigeants gouvernementaux. Le cœur grand ouvert, nous invitons les intéressés et ceux qui sont connectés avec nous à nous rendre visite à Posid, dans leur corps éthérique, et à étudier avec nous la conscience qui a conduit au déclin du continent et, par la suite, à son anéantissement. Nous ouvrons tout grand nos portes ; des quartiers exclusifs ont été construits dans notre cité afin de recevoir ceux qui souhaitent se reconnecter à nous et échanger. Nous vous invitons à venir observer, avec bienveillance et détachement, les faiblesses et les déséquilibres qui sévirent à l'époque et à rapporter ces leçons à la surface, où la sagesse acquise pourra s'imprimer dans la conscience de vos dirigeants, qui ont tendance à commettre les mêmes erreurs.

Les salles de réception et les salles de cours du soir à Telos s'emplissent d'un nombre de visiteurs venus de votre monde qui augmente par milliers chaque mois, chacun bénéficiant d'une formation inédite et se reconnectant avec tant d'anciens amis et membres de la famille ; les nôtres, à Posid, sont pratiquement vides. C'est avec un sincère enthousiasme et une grande affection que nous vous invitons à venir ici dans l'état de rêve et à fréquenter notre résidence atlantéenne. Nous avons tant à partager avec vous ! Nous vous promettons un accueil tout aussi cordial et chaleureux que celui qui vous attend à Telos. Vous rêvez de vous reconnecter à votre famille lémurienne, et nous, nous rêvons de vous retrouver. Presque tous parmi vous, sinon tous, ont vécu plusieurs incarnations en Atlantide et en Lémurie ; nous vous considérons donc tous comme des membres de notre famille.

L'exquise beauté que Posid présentait dans le monde matériel a été reproduite dans la cinquième dimension ; naturellement, son éclat et sa perfection sont encore plus resplendissants. Comme dans le cas de Telos ou d'autres cités lémuriennes, vous serez aussi ravis de visiter Posid. Nous menons une existence enchantée et souhaitons partager notre paradis avec vous.

Les portes de Posid sont ouvertes à ceux qui souhaitent renouer les amitiés de jadis. Un jour, nous aurons aussi un rôle à jouer dans l'émergence lémurienne, et une fois encore nous serons parmi vous. Nous vous remercions de votre compréhension et de cette occasion que nous avons eue d'être entendus par le biais de cette publication. Nous bénissons vos cœurs, qui nous aiment toujours.

Je suis Galatril, un frère atlantéen du passé. Au nom de mes frères et sœurs à Posid, je vous transmets notre amour et notre compassion, ainsi que notre plus sincère amitié et nos encouragements.

Chapitre 14

Les enfants

Celestia

Salutations de Telos. Aujourd'hui, nous donnons un cours aux jeunes enfants ainsi qu'aux plus âgés. À cette occasion, j'ai invité un groupe de jeunes à s'adresser à vous. Inutile de le préciser, ils sont très excités à cette idée. Nos enfants passent beaucoup de temps à étudier, car ils cherchent aussi à comprendre et à communiquer avec les vôtres là-haut.

La première chose qu'ils souhaitent vous faire savoir et dire plus particulièrement aux enfants de la surface, c'est qu'ils sont en quelque sorte envieux des expériences qui se déroulent chez vous, bien que l'envie en tant que telle ne soit pas vraiment une émotion sur laquelle nous nous attardons à Telos. Les enfants de la surface ont la chance de vivre l'aventure la plus exaltante au cours d'une incarnation. Ils ont choisi de naître à une époque où des transformations extraordinaires surviennent sur terre, où les énergies de tous sont indispensables à ces changements. Aujourd'hui, la transformation n'est plus un simple souhait ni un objectif, mais une réalité en expansion. Chaque individu vivant à la surface, incarné dans un corps physique de la troisième dimension, et bientôt des quatrième et cinquième dimensions, est un explorateur découvrant des mondes nouveaux et des façons d'être inédites.

Vous, enfants de la Terre, êtes assemblés en cette vie, en maints lieux, parlant diverses langues, en vue d'un projet : la création d'une muraille d'énergies pures et distinctes. Vous vous êtes réunis afin de prendre part à une célébration de créativité à laquelle chacun a apporté des dons neufs et magiques. Chacun est détenteur d'une parcelle précieuse de la vision que cette planète connaîtra bientôt. Vous êtes tous venus afin de jeter un pont entre le monde nouveau et l'ancien.

En vérité, la transformation s'est déjà accomplie à plusieurs niveaux et dans plusieurs dimensions. Il faut simplement que les humains prennent conscience de ces changements et des choix déjà effectués afin de donner réalité à ces énergies nouvelles. Chaque être aujourd'hui incarné possède le savoir de cette réalité inconnue. Vous tous n'êtes pas nés ici et maintenant par esprit de sacrifice. Votre cœur est reconnaissant et joyeux à propos de la transformation à laquelle vous participez.

Plusieurs ont été formés pour cette aventure dans les classes de Telos. Avec nous, vous avez étudié les cultures et les patterns énergétiques du monde de la surface. Vous avez communiqué avec des êtres qui ont vécu ici depuis nombre d'années comme éclaireurs, si l'on veut. Ils ont préparé et gardé l'espace pour cette grandiose aventure qui est la vôtre. Vous avez sondé et évalué les empreintes des âmes de plusieurs groupes familiaux avant de décider où et dans quelle famille vous alliez vous incarner. Nombre de ceux qui ont pris naissance sur la planète communiquent régulièrement avec nos comités d'études ici à Telos, parce qu'il s'agit effectivement d'une entreprise collective entre la surface et les communautés de la Terre intérieure, et les enfants.

Régulièrement, vous faites parvenir des rapports de vos activités sur terre, et surtout, vous nous faites connaître vos réactions et vos émotions au sein de l'intensité d'une incarnation tridimensionnelle. Vous nous envoyez des comptes-rendus mentaux et des images visuelles, et nous transmettez les connaissances acquises en opérant avec les énergies plus denses. Cette information est indispensable aux enfants de Telos qui s'intéressent aux progrès de votre aventure, mais aussi à la manière dont ils peuvent vous prêter main-forte en vue de susciter les transformations visées par vous.

Message de Luriel

Luriel est l'un des aînés parmi les élèves qui s'adressent à vous maintenant. Il souhaite partager son message.

Salutations chaleureuses de la part de vos frères et sœurs, de vos compagnons de jeu et camarades de classe de Telos ! Nous sommes fous de joie à l'idée de communiquer directement avec vous. Même si vous nous semblons séparés, nous sommes tout près, juste à côté, à suivre vos aventures. Nous observons avec avidité le travail effectué par les enfants doués de pouvoirs, comme les appellent nos anciens. Ce sont des amis à nous qui apportent beaucoup de lucidité aux populations de tous âges à la surface. Ces enfants sont en fait de très vieilles âmes ravies de l'occasion de partager leur savoir et leur perception avec la planète et de le faire sous cette forme juvénile exempte des responsabilités et des fardeaux qui affligent tant d'adultes.

Ils sont en mesure de réaliser leur mission par le jeu et, ainsi, d'offrir un magnifique exemple à tous. De plus, ils font de leur mieux pour mettre en pratique la vérité admise à Telos, à savoir que tout travail est un jeu et que toute connaissance découle de l'innocence de l'expérience, non de l'épreuve. La joie constitue une expérience véritablement innocente, et vos enfants doués sont ici pour vous servir de modèles.

Tous les enfants qui s'incarnent aujourd'hui sur Gaia portent une vibration intensifiée ; ils existent en elle. Leur ADN a été amélioré, pour ainsi dire, afin de permettre des degrés de communication plus fins et une perception plus subtile. Ils ne sont pas entrés dans cette incarnation en ignorant qui ils sont ou leur raison d'être sur terre.

On leur a donné plusieurs noms : indigos, enfants doués de pouvoirs, Cristaux, âmes violettes, et quelques autres. En vérité, ces noms réfèrent à une classe particulière ou encore à une énergie distincte à laquelle ils appartiennent. Dans votre monde, vous entrez à l'école comme élèves d'une classe qui, éventuellement, décrocheront un diplôme. De la même manière, chacun de ces enfants fait partie d'une classe dans laquelle il s'est inscrit avant de s'incarner. Chaque classe ou groupe distinct a un devoir à faire et chaque devoir porte une vibration différente. Les classes, les devoirs et les vibrations appartiennent à la même école, tout comme à Telos nous sommes de la même école.

Nous sommes tous reliés par une grille qui fait partie du réseau dont parlent les enfants doués de pouvoirs ; ceux-ci l'emploient pour communiquer entre eux. Mais l'ensemble de la grille, beaucoup plus vaste que la somme de ses composantes individuelles, forme un système de communication reliant l'univers entier. Cette grille accessible par le cœur est une expression du plan divin. Elle relie tous les êtres de l'univers, un peu comme votre réseau Internet qui est en fait une représentation tridimensionnelle de la grille, même si sa fonction et son rôle n'ont pas encore été compris et appliqués. Cette situation changera éventuellement suivant les altérations de conscience des humains.

Quelques-uns des enfants suprasensibles ont passé du temps à Telos ou dans des cités lémuriennes, tandis que d'autres proviennent de groupes spirituels ou stellaires. Ils sont ici pour apporter le plaisir, l'esprit de communauté et la joie. Environ un tiers des jeunes qui vivent aux abords du mont Shasta sont issus de nos rangs. Nous en avons envoyé plusieurs dans diverses villes et familles, partout dans le monde. Le phénomène s'apparente aux échanges d'étudiants ou aux voyages d'études offerts dans le cadre de programmes scolaires. Ici, nous le concevons comme une formidable occasion d'appliquer ce qu'on nous a enseigné et de vivre une aventure extraordinaire qui dépasse l'imagination.

Au cours de leurs études, plusieurs d'entre nous ont été appelés dans les rangs des émissaires. J'en fait partie. À titre d'ambassadeurs de la cinquième dimension, nous voyageons sans cesse afin de générer et de préserver cette vibration aimante pour que les citoyens de la Terre en fassent l'expérience et s'y acclimatent, tel qu'on nous l'enseigne. Ces missions durent de quelques jours à plusieurs années (selon le cadre temporel de la surface). Nous les effectuons en groupe ou individuellement. Cependant, nous rapportons systématiquement l'information, les observations, les expériences et le savoir à notre classe, qui elle présente ensuite l'ensemble de ces rapports aux citoyens de Telos et au Haut Concile. Elle et nous collaborons ainsi à l'entreprise actuelle de Telos.

Règle générale, vos étudiants sont mis à l'écart de la société. Ils sont en apprentissage des années durant, puis il leur faut se lancer dans la vie sociale après l'obtention d'un diplôme. À Telos, tous participent à la société, apportant une énergie spéciale aux discussions et aux décisions qui gouvernent notre monde.

Certains des enfants plus jeunes souhaitent que je vous transmette leur amour et demandent que je vous envoie l'image qu'ils portent tous dans un coin spécial de leur cœur. Cette vision est celle d'une immense grotte à l'intérieur de la montagne. Ses dimensions sont si vastes que l'on ne peut apercevoir ses parois ou sa voûte ; aussi, il semble que vous n'êtes pas à l'intérieur mais quelque part sur le dessus. Cette grotte est remplie de coins enchanteurs, mais celui où désirent vous emmener les enfants aujourd'hui se situe sur la rive d'un grand lac. Il est entouré de collines et de vallons d'où des cascades aux somptueux coloris se jettent fougueusement dans le lac. Des arcs-en-ciel suivent le parcours de l'eau et persistent à la surface du lac, où ils se diffusent en de scintillantes vagues irisées qui vont mourir sur les sables multicolores ; la classe s'est installée en ce lieu céleste.

Tous les enfants sont présents au pique-nique et vous invitent à vous joindre à eux. Ce repas champêtre sert à la fois à l'apprentissage et au jeu ; les élèves souhaitent vous démontrer que les deux vont de pair. Les plus jeunes sont aujourd'hui responsables des leçons ; les professeurs et les plus grands se sont installés parmi eux pour les suivre. Chaque cours est donné sous la forme d'une histoire ou d'un chant créé par un élève.

Les enfants vous convient à les écouter. Par la suite, vous composerez votre propre leçon pour la partager avec la classe. Ils aimeraient qu'elle s'inspire de la vie sur terre, dans votre incarnation actuelle. Bien qu'ils surveillent le fil des événements, pour eux vos impressions sont uniques. Ils souhaitent apprendre, grandir et faire l'expérience directe des merveilles de l'aventure que vous vivez présentement.

Vous pouvez venir à nos pique-niques quand il vous plaira, nous nous rassemblerons ici dès que nous entendrons votre appel. Dans la multidimensionnalité où nous existons, il nous est possible de nous retrouver en plusieurs lieux simultanément afin de goûter vos histoires et vos chants, même si nous sommes occupés à autre chose au moment de votre appel. Nous vous bénissons et avons hâte de jouer avec vous, à Telos, quand vous le désirerez. Et bientôt, nous jouerons tous ensemble à la surface, lorsque le degré de conscience sera suffisamment élevé pour permettre notre venue. Pour l'instant, nous vous invitons à jouer avec les petits autour de vous, car ils sont aussi des nôtres. Bénédictions chaleureuses.

Message d'Angelina

L'une de nos enseignantes, Angelina, est maître de guérison et l'aînée à Telos ; elle aimerait aborder la question de l'hyperactivité chez vos enfants.

J'aimerais m'adresser à la fois aux enfants et aux adultes en abordant le syndrome de l'hyperactivité, très mal compris par vos soi-disant experts, et l'usage important de certains médicaments comme tentative de contrôle. Une bonne part de l'hyperactivité touchant la génération actuelle est en réalité une réaction normale de celle-ci à l'activité excessive qui bouillonne dans l'environnement malsain où elle vit. En raison du mode de vie synthétique sur cette planète, vos enfants adorés sont sujets à une surstimulation constante de leurs glandes pituitaire et pinéale, et de leurs facultés sensorielles.

On a beaucoup parlé de régime alimentaire et d'interaction avec les médias – télévision, musique, cinéma –, et il s'agit de préoccupations sérieuses. Le bombardement constant des sens par des ondes qui pénètrent vos corps subtils, de même que vos corps physiques, et qui sont émises par les téléviseurs, les téléphones cellulaires, les fours à micro-ondes perturbent la transformation de la structure qui s'opère actuellement et que tous ces enfants cherchent à manifester. Dans les agglomérations plus importantes, cette perturbation atteint des degrés tels qu'il est étonnant que les enfants et les adultes arrivent encore à fonctionner. Chaque jour apporte une nouvelle invasion de votre structure énergétique de base, invasion suscitée par des énergies fabriquées par l'humain et qui ne s'associent pas très bien avec le courant divin. Au contraire, leur nature les amène à saturer et à agresser l'énergie fondamentale qui vous entoure. Les appareils et la technologie ne sont pas forcément de caractère obscur, mais leur usage mal avisé a engendré beaucoup de ténèbres et de patterns énergétiques déviants qui aujourd'hui vous entourent, vous et vos enfants, et interfèrent avec vos fonctionnements éthériques intrinsèques.

Il est de toute première importance que vous vous assuriez de fournir un environnement aussi pur que possible à vos enfants, notamment où ils dorment. Il faut absolument éviter d'emplir leur chambre à coucher d'appareils de toutes sortes : téléviseur, magnétoscope, lecteur de CD, téléphone cellulaire ou électronique, réveil électrique, ou autres appareils du genre. Les jeunes doivent avoir un environnement propre et équilibré où dormir, se régénérer et où leurs besoins seront comblés chaque soir. Le degré de toxicité des lieux où évoluent les petits en général et notamment auquel leur corps est sujet par la nourriture, les matériaux de construction, leur environnement immédiat et plus éloigné doit être mesuré et corrigé, car il n'est pas favorable à leur croissance et à leur évolution vers la réalisation de leurs objectifs.

L'accumulation de métaux lourds dans l'organisme des jeunes constitue également un facteur contribuant à l'hyperactivité et à d'autres affections neurologiques ou systémiques. L'eau pure répond à un besoin quotidien pour eux, de même que pour l'ensemble des gens. Règle générale, les liquides que vous et vos enfants bien-aimés ingérez chaque jour sont nocifs pour l'organisme et pour l'âme ; et cette nocivité s'accroît constamment. Vous devez vous efforcer de purifier vos sources d'eau et d'éliminer les substances toxiques tel le fluor des eaux censées être potables. Ceux qui habitent les villes doivent filtrer leur eau avant de la boire et employer des produits pour le bain qui éliminent les substances toxiques. Il en existe plusieurs sur le marché qui réduiront efficacement le degré de toxicité ; il faut vous les procurer au lieu d'employer ceux qui sont en vogue. Mieux vaut vous en remettre à ces produits naturels au quotidien pour être sûr que chaque membre de votre famille préserve sa force vitale et un organisme en équilibre. Vous devez réduire ou éviter la consommation de boissons gazeuses, ou artificielles, de café, d'alcool ou de toute autre substance toxique qui fait partie de votre régime quotidien. L'eau pure demeure encore le principal liquide qui vous aidera à rendre un équilibre naturel et sain à votre corps.

Habituellement, la solution ne consiste pas à assommer l'enfant par l'emploi de médicaments, mais plutôt à rectifier les déséquilibres engendrés dans son organisme par l'environnement. Ce qu'il faut à chacun pour retrouver cet équilibre diffère selon le cas. Dans toute crise de guérison, l'individu présente une série de traits qui exigent des méthodes thérapeutiques spécifiques. De plus, il faut entrer dans le processus de guérison par les intentions concertées des parents et des enfants. Dans plusieurs cas, le jeune n'est pas au courant du diagnostic d'hyperactivité et sait seulement qu'il n'agit pas d'une manière que les adultes et la société considèrent comme convenable. Ce type de situation engendrant culpabilité et honte, il faut impérativement l'éviter.

Tous, nous recherchons l'équilibre, et plus un jeune a accès à un modèle qui lui démontre comment y parvenir, plus il gravitera vers celui-ci. Les enfants nouveaux sont ici pour nous guider, comme nous les guidons, vers une compréhension plus grande de ce qui donne et préserve l'équilibre sur la Terre à notre époque. Ils sont venus nous enseigner une organisation plus douce de nos existences et de celles des autres, et une approche plus centrée sur le cœur dans nos relations personnelles et en société.

Je vous suggère d'abord d'emmener votre enfant chez un guérisseur – ou un « intuitif médical » selon votre expression – qui a l'expérience des jeunes. Demandez-lui de dresser un portrait du statut énergétique de celui-ci, car il ne faut pas oublier que les symptômes physiques de l'hyperactivité ne sont que les réactions de l'organisme à un déséquilibre de l'énergie. Maintes méthodes naturelles peuvent être employées pour rééquilibrer le corps subtil de l'enfant : les plantes, les essences florales, l'exercice, la méditation, le yoga et d'autres formes de travail sur l'énergie, tels le chi gong et le tai-chi. Un régime alimentaire riche en minéraux et comportant des fruits, des légumes, des céréales et une quantité suffisante de protéines de qualité fera le plus grand bien aux enfants qui grandissent dans votre environnement. Leur régime doit comporter l'ensemble des éléments nutritifs, comme le vôtre aussi d'ailleurs. Il doit présenter un rapport acide/alcalin juste et contenir des aliments naturels plutôt qu'industriels et bourrés de sucre, des protéines végétales plutôt qu'animales, et suffisamment d'aliments vivants, au lieu d'une nourriture artificielle dépourvue de vitalité.

Vous pouvez en outre agir sur le plan énergétique en travaillant sur les chakras ou en recourant aux thérapies par la couleur ou les cristaux. Le *toning* et les tam-tam sont très favorables à l'organisme. La thérapie par la musique s'avère une forme d'équilibrage très apaisante pour les enfants hyperactifs et les autres. Le travail en groupe ou individuel qui fait appel à la fois à la parole et à l'énergie permet aussi de les rééquilibrer. Les thérapies créatives comme l'art et l'écriture sont également très bienfaisantes.

Les enfants qui se sont déjà incarnés sur terre s'efforcent de rééquilibrer la neurochimie de leur cerveau, leur système endocrinien et leurs facultés sensorielles afin d'accéder à une vibration supérieure et de la mettre en œuvre. Ils sont nés avec un système limbique différent du vôtre et savent plus clairement quelle sensation devrait avoir leur force vitale. Ils se rebelleront contre toute tentative de les forcer à une manière d'être qui ne leur semble pas intrinsèquement proche ou en résonance avec leur nature divine authentique. Et ils se « court-circuiteront » plus rapidement que n'importe quelle génération avant eux si on ne leur offre pas un environnement favorable, épanouissant et apaisant où vivre.

Leur besoin d'une communauté soutenue par le cœur est aussi très fort. Les liens qui les rattachent encore aux collectivités telles que Telos et d'autres vibreront très puissamment dans leur corps émotionnel ; ils doivent donc être alimentés correctement. Ils choisiront de former des bandes d'enfants de leur âge, mais se lieront aussi d'amitié avec des gens de tous âges. Ils tireront beaucoup de n'importe quelle situation et des invitations à participer à des activités de groupe ou communautaires, civiques ou scolaires, qui les inciteront à faire appel à la créativité ou à un sens des responsabilités allant au-delà de ce que vous exigez d'eux normalement. Laissez les plus vieux servir de mentors aux plus jeunes, et de guides ou de muses aux adultes. Cela transformera profondément le noyau de votre société.

En vérité, toutes les choses qui aident votre petit hyperactif, ainsi que les autres enfants, vous sont accessibles, sans besoin de recourir aux médicaments pharmaceutiques. Il n'y a qu'à effectuer quelques modifications positives dans votre environnement et le leur. Inutile d'anesthésier leur organisme par des drogues qui ne font qu'assujettir, très artificiellement, les comportements que la société juge inappropriés ; agir de la sorte, c'est refuser d'admettre et de traiter les causes sous-jacentes. La solution consiste simplement à vous focaliser sur l'intention et à faire appel aux outils déjà autour de vous et aux aptitudes que vous possédez et qui sont susceptibles de les aider. Ces êtres sont ici pour vous offrir l'occasion d'une aide et d'une coopération mutuelles. À Telos, nous souhaitons apporter notre secours à ces jeunes ainsi qu'à vous-mêmes. Nous sommes ici pour vous présenter un modèle qui vous permettra d'équilibrer votre vie et la leur.

Nous, les enseignants, les guérisseurs et les enfants de Telos, tendons la main vers les enfants de la surface. Nous leur transmettons notre amour et nos bénédictions. Nous avons hâte d'entrer en contact avec vous et d'établir une communication plus directe. Nous invitons les précieux enfants de la Terre à nous rendre visite, à Telos, dans leurs rêves, car nous partageons un désir commun de jouer ensemble au sein d'une vibration de paix, de compassion, d'amour et de lumière. Jusqu'à ce que nous nous retrouvions, nous leur souhaitons, et à vous tous, beaucoup de joie et de rires.

CHAPITRE 15

Antharus, le dragon bleu, s'exprime

Par Aurelia Louise Jones

Salutations, ma bien-aimée. Nous nous connaissons depuis fort longtemps et notre amitié d'autrefois a traversé le temps.

Je suis de retour sur terre, en provenance des Pléiades, depuis environ un an ; je voulais me rapprocher de toi, passer plus de temps à tes côtés, comme jadis, même si tu n'es pas encore capable de me voir en raison de ton degré de perception actuel. Oui, j'ai quitté votre planète il y a plus de 100 000 ans, quand la population s'est mise à craindre les dragons et à les chasser ; c'était à une époque où grand nombre de gens sur terre perdirent leur connexion à la source divine. Cette ère constitue la seconde phase de ce que vous appelez « le déclin de la conscience » ; la race humaine s'enfonça alors un peu plus dans la densité et la dualité.

Je voudrais que tu saches que notre amitié date d'un passé lointain, alors que les dragons étaient respectés, aimés et appréciés comme sentinelles et protecteurs de la civilisation et de la planète. En vertu de cette amitié partagée entre nous à l'époque de la Lémurie, je suis revenu t'offrir mon loyal appui ; je compte aussi contribuer à la transformation de votre monde d'une manière qui demeure encore insondable. J'ai l'intention de vous aider à faire naître la magie et le plaisir dans votre existence. Bientôt, ma bien-aimée, tu comprendras le sens de mes propos. Je te demande maintenant d'accéder aux réminiscences, aux souvenirs des moments merveilleux passés ensemble et du plaisir que nous partagions.

Comme tu peux le supposer, je suis un être de lumière vivant dans une conscience de la cinquième dimension depuis très longtemps ; par le fait même, je demeure invisible à ceux dont la vision intérieure est encore fermée. J'ai gardé la même taille, soit environ neuf mètres ; quant à mes ailes, elles mesurent vingt-deux mètres une fois déployées.

Du temps de la Lémurie, j'étais le dirigeant d'un groupe de dragons qui montaient la garde, fidèlement et avec grâce, tout près de vos palais et de vos nombreux temples. Nous, dragons, avons ainsi servi la vie pendant des centaines de milliers d'années. Toutes les formes de vie coexistaient alors en parfaite harmonie, la peur étant encore inconnue de ces peuples. En dépit de notre taille gigantesque, les gens ne nous craignaient pas et les enfants étaient ravis de venir jouer avec nous. Nous les laissions souvent s'asseoir au creux de nos ailes et les emmenions en des randonnées célestes.

Toi aussi, Aurelia, comme les enfants, tu aimais à t'installer dans le creux confortable de mes ailes, où tu te sentais en sécurité, et ensemble nous volions sur de grandes distances et à des vitesses folles dans l'azur de notre pays natal. Aujourd'hui, aux yeux de votre société, même si j'étais tridimensionnel et doué d'une apparence tangible, ce type de divertissement serait considéré comme dangereux, impensable. À l'époque, la peur n'existait pas ici-bas, c'était là un concept inconnu. Et en l'absence de peur, il y a absence totale de danger. Tu as souvent eu recours à mon corps et à ma capacité de voler pour te transporter d'un lieu à l'autre. On pourrait même dire, pour employer une expression contemporaine, que je faisais le taxi pour toi. C'était par pur plaisir et désir d'aider que je te transportais partout à ta guise. Comme une sorte de collaboration mutuelle où deux amis s'envolaient ensemble avec contentement.

Sache aussi qu'en ces jours heureux précédant le déclin de la conscience, les gens n'habitaient pas un monde aussi dense que le vôtre. Presque tous, sinon tous, pouvaient hausser et abaisser le taux de leurs vibrations à volonté, et passer d'une fréquence de la troisième à la cinquième dimension, selon les activités auxquelles ils souhaitaient se livrer.

Quand nous volions de par le firmament de la Lémurie, nous haussions nos fréquences jusqu'au cinquième niveau, adoptant ainsi une vibration très légère. Il n'y avait donc aucun danger de chute, car nous avions tous deux le contrôle total de notre corps. Avec le présent degré de densité du corps humain, le vol sur les ailes d'un dragon serait non seulement périlleux, mais impossible. Voilà pourquoi les facultés comme le vol, la téléportation, la lévitation étaient jadis naturelles. Nous n'aurions pu imaginer la vie sans ces dons, qui sont en réalité inhérents à notre nature divine et nous reviennent de plein droit pour l'éternité.

À peu près à cette ère où les dragons volaient dans d'autres dimensions, la race humaine a perdu l'essentiel de sa capacité à mener une existence heureuse et bénie. Ce qui était alors naturel serait aujourd'hui qualifié de magique et l'existence bénie que menaient naguère les gens s'est peu à peu dégradée jusqu'à n'être plus qu'un souvenir délavé. À ce jour, à moins que nous n'offrions de nouveau ces vérités à l'humanité, vos souvenirs anciens demeureront complètement voilés sous un rideau d'angoisse et d'oubli. Vous rêvez de savoir comment vous rendre maîtres de cette magie, comme autrefois, eh bien sachez qu'à ceux qui choisiront d'accueillir la pleine illumination et la réalisation de soi par l'ascension en cette vie même, ces dons seront accordés de nouveau. La magie que vous maîtrisiez autrefois reviendra et vous en profiterez encore plus qu'avant, tant vous avez été privés de cette faculté pendant longtemps. Et cette fois, chers amis, les humains qui exprimeront ces dons divins au quotidien ne les tiendront plus jamais pour acquis et ne les emploieront plus à mauvais escient, comme ce fut le cas par le passé. Le prix que vous avez eu à payer en tant que collectif humain pour avoir choisi de vivre dissociés de votre nature divine s'est avéré excessivement lourd durant trop longtemps.

Pouvant lire dans tes pensées, je constate que ton mental fonctionne à cent kilomètres à l'heure. Tu te demandes frénétiquement ce qu'il faut faire, où tu peux aller pour parvenir à ce que je me matérialise devant toi. Je ressens ton enthousiasme. Au moins, tu n'es pas terrifiée comme le seraient tant d'autres. Ça me plaît. Eh bien, ma bien-aimée, le moment n'est pas encore venu, mais il faut souhaiter que d'ici un an ou peu après, j'aurai l'occasion et l'autorisation de me montrer à toi de manière tangible et que tu me percevras de tes yeux physiques ; j'espère que tu te souviendras alors de moi. J'ai fait mon antre au flanc méridional du mont Shasta, dans une région paisible où je peux vivre sans être importuné. Comme je demeure invisible à tous, tout va bien. En fait, l'endroit où je vis présentement n'est pas très loin du lieu où je passais mes moments de loisir en Lémurie. L'aspect de la montagne dans la quatrième dimension est absolument ravissant et j'y suis tout à fait à l'aise. Un de ces jours, lorsque ta vision intérieure sera plus fine, tu la percevras. Tu habiteras deux mondes et, bientôt, trois et même davantage.

Le départ vers les Pléiades

Nous, dragons, possédons la maîtrise totale du règne élémental. Cela signifie que nous étions, et sommes toujours, à l'aise dans les airs autant que sur terre ou sous l'eau et même au milieu des flammes.

En examinant le passé historique de la Terre, on constate que presque chaque civilisation fait référence aux dragons, soit dans ses fables, soit dans sa mythologie. Je veux rester modeste ici, mais je me dois de décrire les faits avec justesse. La beauté, la puissance et la majesté des dragons étaient telles que plusieurs humains, qui s'étaient dissociés de l'amour et de leur source divine, devinrent jaloux et décidèrent de nous asservir à leur esprit arrogant. D'aucuns, persuadés de pouvoir mettre la main sur nous et se servir de nous à leur guise, tentèrent de nous priver de notre liberté et de nous soumettre. À l'époque, sur la planète, peu de créatures étaient l'égal des dragons en intelligence, en compassion, en force et en beauté, à l'exception peut-être des paisibles unicornes. Les dragons chérissaient leur liberté, car ils avaient atteint un degré de maîtrise spirituelle ; ils n'allaient certainement pas consentir à se subordonner à la volonté d'humains primitifs. Oui, je dis primitifs, car c'était ainsi que leur attitude nous apparaissait.

Puisque les dragons étaient maîtres des éléments, on les croyait doués d'une sorte de magie facile à transmettre. Après des millénaires d'une entente et d'une collaboration bienveillantes, pratiquement en une seule nuit, ou très rapidement du moins, les humains et eux devinrent adversaires. Bien sûr, tous les humains ne se comportèrent pas ainsi et toi, ma bien-aimée, tu as cherché de toutes tes forces à nous protéger. Tu as été l'une de ceux qui apportaient clandestinement nourriture, gîte et protection à plusieurs d'entre nous. (Les dragons étaient végétariens, contrairement à ce que véhiculent les mythes populaires.) En échange d'un sanctuaire, ils protégeaient leurs bienfaiteurs, se liant d'amitié avec eux. Tu as utilisé ta position influente afin de faire tout en ton pouvoir pour mettre un terme à leur massacre et à leur asservissement. Malgré tout, tu n'as pas pu endiguer l'ignorance des gens et interférer avec leur libre arbitre. Je me souviens du chagrin que ça t'a causé à l'époque et pendant longtemps par la suite.

À un certain moment, comme nous jouissions d'une grande force et d'une longue vie, les humains décidèrent que les pouvoirs magiques des dragons devaient émaner de leur sang. C'est alors qu'ils se mirent à nous pourchasser. Les adversaires de jadis devinrent désormais de féroces ennemis, car la race humaine s'efforça d'abattre tous les dragons sur son chemin. Plusieurs d'entre eux périrent, tandis que d'autres trouvèrent refuge là où ils le pouvaient, surtout dans les régions reculées du monde. Cet exode vers des solitudes reculées laissa penser que nous étions des créatures peu sociables, non pas les êtres grégaires que nous avions toujours été. Les climats extrêmes de nos terres d'accueil ont modifié la couleur de notre peau et son apparence. Un jour, ceux d'entre nous qui restaient furent invités par la hiérarchie spirituelle galactique à être transportés sur les Pléiades. C'est alors que j'ai décidé de quitter la Terre, en quête d'une planète qui m'offrirait un foyer plus agréable. Plusieurs des dragons qui avaient survécu préférèrent migrer vers les Pléiades ou d'autres planètes qui leur proposaient un asile.

À l'origine, tous présentaient une teinte gris-vert, et la texture de leur peau ressemblait à celle d'un éléphant. Notre aptitude à maîtriser les éléments nous a permis de développer l'épiderme reptilien fait d'écailles que montrent les illustrations de vos livres. La couleur de notre cuir fut associée à la région géographique où nous avions établi notre nouveau domicile ; il était fréquent d'entendre dire qu'un dragon bleu, vert ou même rouge avait été aperçu.

Les dragons se tinrent loin de la population humaine, en qui ils n'avaient plus confiance. Leur nombre se réduisit à quelques rares représentants de l'espèce. Quand une perte pareille se produit en n'importe quel monde, ses répercussions se font sentir dans tous les royaumes d'existence ; celle-ci ne fit pas exception. Le jour où les humains s'aperçurent de leur erreur, il était déjà trop tard.

Les lignes telluriques se rencontrent en plusieurs points sur terre, et ces lieux d'intersection permettent à divers mondes de communiquer. Vous avez peut-être entendu l'expression qui fait référence au « voile qui se lève ». En certains endroits et à des moments précis, il est possible d'y parvenir effectivement, c'est-à-dire de passer, littéralement, dans un monde parallèle. La plupart des dragons qui n'avaient pas quitté la Terre ont franchi ces portails et vivent désormais en paix ici même, mais dans une autre sphère ou dimension invisible à la perception tridimensionnelle. Il en reste donc quelques-uns dans votre monde ; ils habitent des grottes, des antres et des cratères reculés. Ceux qui ont choisi de rester ici attendent patiemment que l'humanité prenne conscience de la vérité selon laquelle tous les êtres, toutes les espèces sont des éléments d'une vaste fraternité, l'un ne valant pas plus ni moins que l'autre. Entre-temps, leur énergie s'avère tout à fait roborative pour la planète, car elle présente un équilibre élémental parfait. Heureusement pour eux, peu ont été aperçus et ce genre de récit rencontre habituellement l'incrédulité générale.

Actuellement, plusieurs d'entre eux reviennent pour prêter main-forte à l'humanité qui doit rééquilibrer les éléments ; par contre, ils ne présentent pas tous la forme de dragons. À défaut de cet appui et de cet équilibre, ni Gaia ni la race humaine ne parviendraient à effectuer le changement nécessaire vers les dimensions supérieures sans connaître de grands bouleversements dans les forces élémentales planétaires. Naturellement, plusieurs d'entre nous sont déjà ici, sous forme tout à fait physique, sans toutefois être perceptibles à vos yeux, car ils vibrent à la fréquence des royaumes lumineux de la cinquième dimension. Ainsi, comme moi, ils accomplissent leur travail en toute tranquillité, sans être dérangés par les regards humains. Nous savons que presque la totalité des gens seraient terrifiés s'ils nous voyaient, particulièrement en grand nombre. Encore une fois, nous susciterions la crainte et serions traqués.

Nous savons que viendra un temps, très proche, où les humains se reconnecteront avec les divers aspects de leur nature divine et considéreront tous les êtres comme des parcelles, variées et égales, de la Création. Nous redeviendrons alors visibles à tous, car l'amour et la fraternité vrais régneront parmi les habitants de cette planète.

Aurelia Louise : *En mon cœur, j'aspire profondément à une époque où la Terre redeviendra une « planète paisible ». Je souhaite que l'amour et la fraternité vrais entre tous les êtres vivants soient adoptés comme mode de vie normal. Je rêve de voir une fin à la souffrance humaine et à la maltraitance des animaux. Au moment même où je vous parle, des millions d'animaux sont abandonnés et maltraités partout par des humains impitoyables. Le seul fait d'en avoir conscience me chagrine beaucoup.*

Antharus : Je connais ton amour et ton cœur. Je sais également combien tu aimes tous les êtres vivants, les animaux et les créatures des royaumes naturel et élémental. Je sais également que tu n'auras pas peur en me voyant parce que ton cœur est grand ouvert. Voilà pourquoi je me montrerai à toi aussitôt que ta vision intérieure s'affinera juste un peu plus. Même si je vibrerai à une fréquence plus élevée quand tu me verras, cette fréquence aura une densité physique et tu me percevras ainsi. J'abaisserai mes vibrations suffisamment pour que tu me voies clairement et que tu puisses, espérons-le, sentir mon toucher.

Aurelia Louise : *J'ai à l'esprit un lieu tout spécial où j'aurai la surprise de te voir quand je m'y promènerai. Ce serait un endroit sans danger pour se rencontrer, loin des regards ou des soupçons de qui que ce soit. Qu'en penses-tu ?*

Antharus : Oui, je lis ta pensée et je connais l'endroit auquel tu songes ; tu t'y rends très souvent. À l'occasion, je t'y accompagne, surtout quand tu t'y trouves seule. Même si tu n'as pas conscience de ma présence, je t'entoure de mon amour et de ma protection. As-tu remarqué que tu t'endors souvent sur le sol à cet endroit ?

Aurelia Louise : *Oui.*

Antharus : Voilà la magie, mon amour. Pendant ton sommeil, l'esprit quitte le corps et toi et moi nous entretenons sur le plan éthérique. Adama et Ahnahmar se joignent souvent à nous, et nous travaillons ensemble sur les champs énergiques de ton corps physique pendant qu'il dort.

Aurelia Louise : *Hum… Je sais que, d'habitude, je me sens plutôt bien après une sieste là-bas. J'ai bien conscience qu'Adama et Ahnahmar m'accompagnent lors de mes balades dans la forêt, mais je ne savais pas que tu étais là aussi. Tu les connais, alors ?*

Antharus : Bien sûr ! Tous deux étaient membres de ta famille à l'époque de la Lémurie et nous étions très amis. Je vous protégeais, ainsi que vos enfants.

Aurelia Louise : *Allais-tu à l'intérieur de la montagne, à Telos, ou les rencontrais-tu à l'extérieur ?*

Antharus : Eh bien, les deux. Quand je suis d'abord revenu à la montagne, il y a environ un an, j'ai décidé d'entrer en communication télépathique avec Adama et il est sorti avec Ahnahmar et quelques autres pour me saluer et me souhaiter la bienvenue. Naturellement, tout ça s'est passé dans la cinquième dimension, dans nos corps de lumière. Nous nous sommes aussi rencontrés dans les Pléiades à quelques reprises. Adama s'y rend très souvent. Sachant que j'allais revenir, il m'a confié, alors que j'étais encore là-bas, que tu étais revenue à la montagne et qu'ils travaillaient sur un plan conscient avec toi afin d'apporter leurs enseignements à la surface en vue de leur émergence éventuelle.

J'ai également été invité à venir à l'intérieur de la montagne, ce que j'ai fait. Je n'ai pas forme humaine et je suis plutôt grand par rapport aux dimensions habituelles de l'homme, même de ceux qui vivent au sein de la montagne et dont la taille est supérieure aux gens de la surface. Par le fait même, certaines zones à l'intérieur de la montagne sont spécifiquement conçues pour recevoir les êtres de lumière tels que nous, et même plus grands, afin d'y tenir des rencontres. Plusieurs des dragons de retour au bercail ont rencontré des Lémuriens et des membres d'autres civilisations souterraines. Ils nous ont offert une réception tout à fait cordiale pour nous souhaiter la bienvenue sur terre. Cet accueil sincère et chaleureux nous a beaucoup touchés. Nous entretenons d'excellents rapports avec les Lémuriens. Nos frères cosmiques ne possèdent pas tous la forme humaine ; les gens de la Terre intérieure le savent très bien. Les frères de l'espace ont des apparences, des couleurs, des formes variées, parfois même des corps d'insecte ; la plupart habitent des types de corps dont vous n'avez plus aucun souvenir, même dans vos chimères les plus insensées.

Aurelia Louise : *Je sais. J'ai lu sur le sujet. Je ne crois pas que j'aurais peur si je rencontrais dans la rue un grand être de lumière ressemblant à un insecte, mais je n'en suis pas tout à fait sûre, je dois l'admettre. Il y a quelques années, j'ai connu une femme qui m'a avoué avoir croisé un être venu des étoiles ; il mesurait environ 3,70 m et son corps était très similaire à celui d'une mante religieuse. Elle m'a expliqué que, normalement, elle aurait été affolée de tomber sur une telle créature, mais qu'ayant ressenti une vibration d'amour très intense émanant de cet être, il n'y avait plus de place pour la peur. Ainsi, elle a pu le côtoyer sans crainte. Il semble qu'elle avait une connexion multidimensionnelle avec lui. Peut-être est-il membre de sa famille spirituelle, elle ne l'a pas précisé. Comptes-tu demeurer longtemps sur terre ou songes-tu à rentrer dans les Pléiades ?*

Antharus : Je n'ai pas décidé. J'ai l'intention de rester ici au moins pendant la période de transition de la planète qui, d'après moi, durera environ deux cents ans. Plus probablement, je demeurerai ici-bas bien après cela et continuerai à servir la vie.

Aurelia Louise : *Une de mes amies, voyante, m'a dit l'autre jour qu'elle voit parfois un très grand dragon bleu voler à une vitesse incroyable et avec beaucoup d'élégance dans le ciel autour de la montagne ; l'archange Raphaël lui aurait expliqué qu'il s'agit du dragon d'Aurelia. Je suppose que c'est toi ? (rire)*

Antharus : C'est bien moi ! Je connais bien cette personne et je sais que vous êtes amies. Voilà pourquoi je me révèle à elle de temps à autre en volant dans cette région magnifique. Je suis bien heureux qu'elle ait pu te confirmer ma présence. Tu sais, quand ta vision intérieure s'ouvrira un peu plus, toi aussi tu seras capable de voir certaines choses dans le ciel au-dessus de la montagne. Je ne suis que l'un des maints phénomènes que tu pourras apercevoir. Tu seras émerveillée. Ta présence JE SUIS hésite encore à ouvrir ta vision intérieure pour l'instant. Elle craint que tu deviennes si captivée par ton « nouveau jouet », ou par ce que tu vois, que cela compromette ta mission. On suppose que tu prendras tellement plaisir aux autres dimensions, qu'une fois qu'elles te seront accessibles, tu passeras ton temps à goûter ces perceptions inconnues, leur magnificence et tu perdras intérêt à effectuer les tâches du quotidien et à poursuivre ta mission.

Aurelia Louise : *Mon amie Jessica est aussi très enthousiaste à l'idée de te rencontrer sur le plan physique. Je lui ai parlé de toi. Nous avons décidé qu'un jour, en nous promenant dans la forêt près de mon « coin spécial » en prenant le dernier sentier avant la clairière, là où je m'attends à te rencontrer éventuellement, tu nous surprendras toutes les deux en étant tranquillement allongé dans l'herbe, guettant nos réactions et riant de bon cœur. Je ne peux pas dire « riant dans ta barbe » puisque tu n'en portes pas !*

Antharus : Absolument. Je crois que tu as tout compris. Comme dragon, je n'ai aucune limite, ni de forme ni de corps. Sois avertie que je pourrais te surprendre de bien d'autres manières et que ça pourrait aussi avoir lieu ailleurs, là où tu te rends pour apercevoir des unicornes. Laisse-moi ajouter ceci : ces derniers savent que tu veux les voir et ça ne m'étonnerait pas qu'ils se montrent à toi cet été.

Aurelia Louise : *Tu affirmes que plusieurs dragons sont revenus. Rendront-ils les mêmes types de services qu'autrefois à Gaia et à l'humanité, ou joueront-ils un autre rôle ?*

Antharus : Tu sais, les choses ont changé ici-bas au cours des 100 000 dernières années et elles s'apprêtent à changer radicalement une fois encore. Il est impossible de revenir en arrière et comme tout est en transformation perpétuelle, rien ne reste pareil bien longtemps. Notre service à la vie sera différent cette fois, et il conviendra précisément au degré actuel d'évolution. Notre présente mission ne peut être identique à celle de jadis. J'ai l'impression que, pour l'essentiel, du moins pendant quelque temps, notre service à la vie consistera à aider votre planète, votre Terre-Mère et l'humanité à équilibrer les quatre éléments principaux [l'Eau, l'Air, le Feu et la Terre] en eux-mêmes ; et il y en aura bien d'autres à maîtriser. À mesure que chacun acquiert la maîtrise des éléments, cela aide la Terre et la Mère à se stabiliser aussi. Rien n'est isolé ; tout opère conjointement afin de rétablir une harmonie parfaite. Votre race s'est montrée très destructrice et a manqué de considération envers la planète et la Mère, qui est l'hôte de son évolution. Comme elle approche d'une période de grands boule-versements, il est indispensable que tous les éléments soient en équilibre afin qu'elle franchisse cette transition en toute sécurité.

Notre service à Gaia et à la race humaine est également lié à l'équilibre et à la protection. Bien que ce rôle reste essentiellement identique, il s'exprimera de manière plus évoluée, avec plus d'unité, d'amour et de compréhension dans tous les aspects de la vie qui existent et opèrent en harmonie totale.

Je te quitte maintenant sur ces pensées et te souhaite le bonsoir. Je te retrouverai dans l'état de rêve. Tu peux m'appeler chaque fois que tu en ressens le besoin. Sache que je suis tout près de toi, toujours prêt à t'aider comme autrefois.

Aurelia Louise : *Merci ! Je suis vraiment réconfortée de savoir que tu es là. Je t'aime.*

CHAPITRE 16

Les glandes pinéale et pituitaire*

Par Celestia et Ahnahmar

Le corps humain subit de nombreux changements. Il s'agit presque d'une complète restructuration de l'organisme humain ; ces modifications témoignent du besoin, pour le corps, d'une matrice énergétique qui lui permettra d'absorber une quantité beaucoup plus considérable d'énergie. Plusieurs équipes formées d'êtres de diverses galaxies s'occupent de modifier et de restructurer le système physiologique humain.

Cette réorganisation se présente sous forme d'initiations accordées à l'humanité consciemment, et dans certains cas, inconsciemment. Pour ceux d'entre vous qui cherchent délibérément à se transformer, ces modifications sont beaucoup plus importantes. Mais la race humaine dans son ensemble connaît aussi une transformation globale, de même que la planète Terre. Les enfants qui naissent à l'heure actuelle montrent déjà des ajustements de leur ADN, de leurs organes et de leur structure osseuse, et il en sera ainsi des générations futures.

Tous les organes et processus physiologiques se réorganisent actuellement. Même la circulation sanguine et les éléments de la formule sanguine se modifient. La restructuration actuelle

---

* La glande pinéale se situe au niveau du chakra couronne et la glande pituitaire, au niveau du chakra du troisième œil. (NDE)

s'effectue en deux volets. En premier lieu, elle opère sur le plan cellulaire, car le noyau de la cellule s'allie désormais avec son plus haut degré de nature divine, le Soi divin. En second lieu, la matrice énergétique de chaque cellule s'adapte à une forme cristalline supérieure pour assurer l'intégration dans le corps d'une plus importante quantité d'énergie raréfiée.

La structure physique ne peut évoluer s'il n'y a pas d'ouverture préalable à l'expérience directe du divin. L'organisme tridimensionnel et le spectre complet de l'amour de Dieu, dissociés depuis des éons, se verront enfin réunis. Le processus de transformation en cours doit inclure l'élément sacré, sinon la transmutation cosmique par la grâce providentielle ne pourra s'accomplir.

Dans le cadre de ces initiations, les glandes pinéale et pituitaire jouent un rôle décisif. La première a longtemps été considérée comme l'organe de l'intuition et du savoir inné dans le corps humain C'est par la pinéale que la connexion au monde éthérique s'établit. Par ailleurs, dans les communautés de la cinquième dimension, et au-delà, cette glande a une fonction plus vaste : elle garantit la communication télépathique, un peu comme les cordes vocales produisent la parole sur le plan tridimensionnel.

Dans la sphère humaine de la troisième dimension, plusieurs individus présentent une glande pinéale très développée. On compte parmi eux les médiums, les devins qui ont peuplé votre littérature métaphysique d'autrefois, et les écoles de mystère. D'autres races de mammifères douées de pouvoirs sont aujourd'hui sur terre, notamment les dauphins et les baleines, qui communiquent grâce à cette glande.

Aujourd'hui toutefois, le travail qui s'accomplit sur la glande pinéale est global ; tous les humains voient leur intuition et leurs facultés télépathiques augmenter, de même que leurs contacts avec l'invisible. Le phénomène est déroutant pour certains, alors que pour d'autres, c'est la réponse à leurs prières. Pour tous, il s'agit de se focaliser surtout sur le contact déjà possible avec la totalité du Soi et avec les diverses formes d'éphémérides, par exemple les annales akashiques ou les diverses bibliothèques vivantes disponibles sur les plans éthériques. En vérité, les mots comme « canal » ou « voyant » disparaîtront bientôt de votre vocabulaire, car chacun aura la faculté de communiquer avec toutes les sphères sur terre. Notre gratitude va à tous ceux qui ont accepté de servir l'humanité comme véritables canaux de la lumière, car ils ont grandement contribué à son éveil spirituel.

Cette aptitude, qui s'est peu à peu manifestée au cours des dernières décennies, peut être comparée à un phare éclairant la voie pour l'humanité assoupie. Néanmoins, nous concevons que ce service effectué par une minorité n'est qu'une étape vers l'éveil spirituel de la race humaine. Le temps approche rapidement où chacun devra manifester son propre « phare » et épanouir les dons et facultés innés en son cœur. D'ici à quelques années, ceux qui demeureront incarnés en ce monde seront de réels télépathes et ceux qui ont servi de canaux poursuivront leur travail autrement.

L'augmentation d'activité dans les chakras du cœur et du cœur sacré équilibre le rehaussement de la glande pinéale. Ces deux centres énergétiques, qui collaborent étroitement, permettent à l'activité accrue de la glande pinéale de se poursuivre au sein de la vibration de grâce sacrée. En l'absence de l'équilibre qu'apportent l'amour, la compassion et un sincère respect pour la nature sacrée d'autrui, l'ego serait susceptible de s'emparer de ce flot nouveau d'informations et le cours de l'évolution se verrait, encore une fois, entravé. Dans toutes les civilisations où la communication télépathique est courante, l'intention vise toujours le bien suprême de la collectivité. La considération interpersonnelle et la sincérité doivent toujours être de la plus haute importante. De même, tous doivent respecter l'intimité de l'âme individuelle pour que cette communication soit vraiment ouverte et efficace.

L'information captée par la pinéale doit toujours être validée par le savoir inné du cœur. Ainsi, le mental vrai demeure le serviteur du cœur vrai, et par le fait même la communauté et la grâce divine régneront sur Gaia.

La glande pituitaire, quant à elle, a une fonction autre dans l'évolution du corps humain. Le système endocrinien a toujours subi les contraintes imposées à l'être humain en raison de la dualité et de la dissociation. En vérité, l'apparition de maladies auto-immunes est en corrélation directe avec le chagrin de longue date que maintes âmes traînent à cause de ce sentiment de dissociation. Par contre, la glande pituitaire s'affranchit dorénavant de ses limites et l'organisme physique sera à nouveau capable de se régénérer et de se réparer au maximum.

Encore une fois, l'énergie de l'intention consciente déclenche ces changements. Les organes améliorés dans le corps humain continueront à réagir puissamment s'ils sont informés par la conscience de l'individu. Le corps humain est fort complexe ; il n'est pas possible de se pencher sur deux petites glandes sans tenir compte de l'ensemble de l'organisme. Sur le plan individuel, il faudra fournir beaucoup d'efforts pour désintoxiquer et nourrir tous les organes du corps.

Il est recommandé de communiquer avec les élémentaux de chacun des organes afin de déterminer la démarche qui convient et de consulter les spécialistes du corps subtil, les guérisseurs et les divers thérapeutes corporels. Car désormais, chacun doit reconnaître les prodiges du corps humain. Les Écritures anciennes qui décrivent le corps comme un temple sacré sont justes. Votre participation consciente dans sa guérison et sa métamorphose façonnera un corps tel celui des peuples des civilisations qui passèrent des centenaires dans la même incarnation.

Aimer votre corps comme un sanctuaire sacré de l'esprit est aussi important qu'apprécier la totalité de votre esprit. Le jour où ceci sera compris à l'échelle globale, les modifications que vous souhaitez tous seront apportées aux ressources alimentaires et aux modalités thérapeutiques. Déjà, actuellement, apparaissent sur le marché des substances et des outils doués d'une forte action curative. Votre appui et la confiance que vous accordez à ces nouvelles formes de thérapie permettront au changement de se propager sur la planète tout entière.

Les formidables temples de rajeunissement et de guérison d'autrefois auxquels vous aspirez tant et dont vous rêvez pour l'avenir sont déjà là. Ils existent toujours dans la conscience des bâtisseurs et concepteurs originels de ces merveilles, comme dans la mémoire de ceux qui les ont fréquentés à des époques révolues. Même s'ils ont été détruits dans leur forme tridimensionnelle, ils demeurent dans les dimensions supérieures, leur potentiel multiplié ; vous pouvez vous abreuver à ces énergies en tout temps sans rencontrer de difficulté ni encourir de dépenses. Si vous souhaitez prendre contact avec ces énergies ou en faire l'expérience afin de guérir, vous n'avez qu'à calmer votre mental, ouvrir votre cœur et fixer votre intention, puis à laisser le processus suivre son cours. Il vous suffit de passer chaque jour du temps à inspirer et à infuser ces énergies dans votre cœur pour enclencher le processus et obtenir des résultats extraordinaires.

Et ensemble, uniquement par la force de l'intention et l'abandon à la grâce divine, vous pourrez en tout temps magnétiser leur énergie dans votre champ aurique et profiter de leurs bienfaits au présent. La forme ne sera peut-être pas fidèle à l'aspect original, mais l'énergie sera la même. L'ordinateur à matrice cristalline remplace peut-être le temple de cristal, mais les effets restent les mêmes.

Identifiez ces outils et ces guérisseurs qui vous entourent et offrez-leur votre appui. Plus tard, vous souhaiterez sans doute reconstruire ces temples d'autrefois ; si vous ne les reconnaissez pas sous leur forme actuelle d'outils, et si vous ne vous reconnaissez pas pleinement tels que vous êtes, ces potentiels ne peuvent s'actualiser. Le paradis est déjà ici-bas, tout autour de vous. Il faut offrir de l'aide et de la reconnaissance à ceux qui travaillent à étendre ce paradis à l'échelle mondiale et appuyer le potentiel pour le paradis absolu. Ne souffrez pas de ce qui a disparu et célébrez plutôt ce qui réapparaît.

Prenez bien soin de vous, car qui d'autre vous aimera ainsi ?

CHAPITRE 17

L'esprit des communautés

Celestia (sœur d'Adama à Telos)

Programme lémurien au mont Shasta, en mai 2003

(*Celestia est une aînée à Telos et conseillère auprès du Haut Concile. Elle est spécialiste des énergies potentielles qui créent perpétuellement l'univers dans lequel elles opèrent, et elle administre et assemble les éléments requis pour la manifestation des potentiels choisis. Elle travaille beaucoup avec les enfants télosiens et supervise leurs échanges avec les anciens, ainsi qu'avec les habitants de la surface.*)

Bienvenue chères âmes ! Nous percevons le plein rayonnement de vos corps lumineux ainsi que votre beauté physique tridimensionnelle. Grand nombre d'autres êtres humains s'éveilleront sous peu et seront sur la voie du retour, retrouvant la vérité sur leur identité. Ces réunions au sein de nos énergies deviendront plus importantes et plus fréquentes, jusqu'à ce que leur lumière soit visible même dans les coins les plus sombres des sphères de la surface.

Nous détenons l'espace et l'énergie ici, au mont Shasta, depuis fort longtemps. Bon nombre d'entre vous ont vécu plusieurs vies dans cette région, à Telos ou à la surface, et ont aidé à préserver cette énergie. À l'heure où je vous parle, la plupart d'entre vous, sinon vous tous assemblés ici ce soir, présentent des aspects de leur être total habitant l'intérieur de la montagne ou dans d'autres cités du réseau Agartha. Nous sommes émerveillés de vous retrouver dans votre incarnation physique, car vous êtes ceux qui provoqueront la grande transition dont la planète a tant besoin.

J'aimerais vous parler des enfants de Telos et d'autres cités lémuriennes dans la Terre. Ils attendent impatiemment le moment de se connecter plus consciemment avec vous, parce qu'ils souhaitent vous apprendre le jeu. Ils veulent vraiment que vous retrouviez cette capacité de vous amuser. Votre rôle consiste désormais à rouvrir votre cœur et à redécouvrir ces choses qui, enfants, vous rendaient heureux. Il est indispensable maintenant que vous fassiez appel à votre imagination et que vous visualisiez dans ses moindres détails le paradis que vous souhaitez engendrer et goûter dans le monde à la surface. Les enfants d'ici ont le cœur grand ouvert pour vous apprendre comment modeler l'univers qui vous entoure à l'aide de représentations dans votre imaginaire.

Un enfant de Telos a été assigné à chacun de vous comme guide. Ces jeunes vous aideront à alléger votre cheminement. Vous pouvez entrer en contact avec eux dès maintenant. Ils se sont portés volontaires afin de vous servir d'émissaires dans le « monde du jeu » et demeureront à vos côtés tant que vous le désirerez. Vous n'avez qu'à vous mettre à communiquer avec eux par le cœur. Ils peuvent venir à vous en rêve, ou encore vous sentirez leur présence auprès de vous maintenant. Comme ceux d'entre vous qui possèdent déjà la vision intuitive le découvriront, les enfants télosiens ont une espérance de vie très différente de celle des vôtres. L'enfant qui viendra jouer avec vous aura peut-être deux cents ans, selon votre mesure de l'âge. Ne vous étonnez donc pas si l'image de votre compagnon de jeu diffère de ce à quoi vous vous attendiez.

Fiez-vous aux images apparaissant à votre vision intérieure et aux messages que vous recevez de la part des jeunes Télosiens. Ils sont ici pour vous faire connaître à nouveau ces parties de vous-mêmes que vous aviez scellées et la magie de l'imagination qui permet de créer à sa guise en étant persuadé de la réalité absolue de cette création. L'imagination, c'est notre appareil de création ; elle n'est pas « irréelle », comme plusieurs langues à la surface la décrivent. Vous redécouvrez dorénavant le degré de réalité qu'elle peut avoir et jusqu'à quel point elle peut engendrer des prodiges ou des difficultés dans votre existence, selon les pensées et les émotions qui l'entourent.

À Telos, nous créons en imaginant ce que nous voulons, puis nous diffusons en termes énergétiques les potentiels qui concrétiseront cette fiction. L'imaginaire représente donc la clé de la manifestation et nous l'accomplissons en amalgamant l'inspiration divine masculine avec les énergies féminines qui alimentent et portent ces inspirations ; nos évocations prennent ainsi vie. Puisque la conscience de la Terre et des êtres qui s'y sont incarnés accueille davantage du féminin divin, ces principes de la manifestation deviennent de nouveau évidents. Comme on a retrouvé l'âme qui sustente la Terre et qu'on lui a permis de se rétablir dans la nature et dans la société, le vaisseau planétaire sera reconstruit. Il préservera l'inspiration véritable en provenance du divin, laquelle s'exprimera par l'unicité au quotidien et l'instauration de communautés.

Vous retrouvez maintenant les concepts de communauté vraie parce que vous apprenez à nous connaître et à vous reconnecter avec nous, votre famille télosienne. Chaque fois que vous vous réunissez pour travailler, jouer, étudier ou méditer, que ce soit au mont Shasta ou dans toute autre région de la planète, vous ranimez l'esprit de communauté. Ces collectivités sembleront peut-être avoir un caractère temporaire, mais elles ne le sont pas. La vibration qui émane de chaque rassemblement se relie à celle d'autres groupements similaires et, sur le plan énergétique, une communauté plus vaste se forme au-delà de l'espace-temps. Ces liens s'établissent entre les âmes qui participent, et cette énergie communale permet à d'autres de s'y joindre.

À Telos, nous opérons au sein d'un paradigme d'entière collaboration et de partage complet des ressources. Chacun voit ses besoins assurés, car nous offrons notre temps et nos efforts à cette intention. C'est là un principe vital qui sera un jour adopté par les sociétés et les gouvernements à la surface. Voilà comment vous parviendrez à en donner l'exemple et à vivre le modèle télosien de la communauté ; il s'agit d'un ralliement harmonieux des énergies et d'un partage des ressources.

Plusieurs modes de vie communaux voient le jour en ce pays ; nombre d'entre vous s'éveillent désormais à la vraie promesse et à l'idéal de la communauté. Des idées neuves, des modes de vie inédits germent dans l'esprit de plusieurs autres. Voilà l'une des mesures les plus importantes à prendre si l'on veut apporter cette vibration à la surface et conduire la planète à un autre stade. La vibration de cinquième dimension qui nous sustente à Telos est l'énergie de la communauté du cœur. Nous avons pris les mesures permettant de façonner le monde où nous voulions vivre et nous vous offrons maintenant de vous guider vers ce but.

La communauté du cœur est un lieu où chacun est en résonance harmonique parfaite. Tout besoin, tout désir est communiqué par voie télépathique, et l'ensemble de la communauté le capte. Ce type de collectivité ne connaît ni pénurie ni souffrance, car l'énergie communale, la compassion et la vibration qui nourrit chacun sont toujours présentes. Voilà les concepts que nous souhaitons partager avec vous. Vous en faites déjà l'expérience, dans une certaine mesure, au mont Shasta où un nombre important d'individus partagent sur plusieurs plans avec ceux qui les entourent. Si une nécessité survient et qu'il faut faire appel à plusieurs personnes, nombreuses seront celles qui répondront.

Nous vous demandons d'assimiler ce concept de communauté véritable en tous les aspects de vous-mêmes et en votre cœur ; sachez que vous êtes entourés d'êtres qui vous chérissent. Vous ne les connaissez pas encore tous consciemment, mais vous commencez à les identifier. Vous vous connectez désormais sur ce plan avec chaque être que vous rencontrez et formez graduellement une communauté.

Une part de mon travail à Telos concerne les potentiels ; je vous l'explique plus précisément. D'ici à un an ou deux, des communautés s'établiront aux environs du mont Shasta. Certaines abriteront une population alors que d'autres serviront de modèles inspirant des projets similaires à l'échelle planétaire où des humains pourront mener une existence dans un esprit de fraternité, de compassion et de coopération.

Il existe déjà des ouvertures qui nous permettront d'émerger des cités de la Terre intérieure et d'harmoniser nos vies et les vôtres. Depuis quelques mois, un portail s'entrouvre sur la côte ouest des États-Unis ; il comprend la région du mont Shasta. C'est au travers de celui-ci que les premiers arrivants passent déjà, et grâce à leur vibration, un passage se forme assurant l'émergence de nombreux autres. Certains couloirs sont directement reliés à Telos. Des portails stellaires en sont au premier stade de réactivation, tandis que d'autres sont déjà en fonction. Les sentinelles qui préservent et s'occupent des énergies à ces portails se souviennent de leur rôle et s'assemblent en nombre grandissant dans votre dimension.

Le travail s'est toujours effectué sur le plan multi-dimensionnel, mais vous n'en aviez pas conscience. Bientôt, cette œuvre sera connue à l'échelle mondiale ; plusieurs qui niaient l'existence de ce type d'entreprise spirituelle adopteront des rôles qui restent à l'heure actuelle inconcevables pour eux.

Nous vous en informons uniquement pour vous encourager au fil de votre voyage progressif ; nous savons bien que de vous faire connaître ces merveilles éveille en vous l'espoir. Nous vous prions de vivre en préservant ce savoir et d'évoluer avec cet espoir au cœur, car des miracles potentiels vous entourent et il n'en tient qu'à vous de vous y ouvrir. Si chacun de vous parlait à une personne qu'il ne connaît pas, s'il lui ouvrait son cœur comme il le fait avec nous, la communauté à la surface de la Terre verrait le jour très rapidement. Ce partage sincère s'étendrait avec chaque nouveau contact par le cœur entre citoyens et voisins autour du globe. Quelle merveille ce serait !

Invoquez-nous à votre guise et formez l'intention, le cœur complètement ouvert, de partager avec nous la vibration où nous vivons, afin de pouvoir la vivre au quotidien. Identifier et intégrer cette vibration dans vos activités au jour le jour haussera rapidement celle de la surface. Nous sommes toujours à votre disposition, faites appel à nous ; nous insistons. Et surtout, délectez-vous de l'énergie nouvelle, des vibrations inconnues qui transforment chaque jour votre âme même et votre planète. Ce plaisir accélérera le processus et la magie, qui se révèle tout juste.

Appelez les enfants de Telos pour qu'ils viennent jouer avec vous, qu'ils se joignent à vous et partagent leur sens inné des délices et du plaisir éprouvés au simple geste de vivre. Lorsque vous sombrez dans vos états d'âme les plus noirs et que la lutte à livrer vous semble presque insoutenable, voilà les moments où vous avez le plus besoin d'eux. Leur gaieté, leur enjouement, leurs perceptions originales et insolites du monde autour d'eux et de vous éveilleront en chacun de vos cœurs l'enfant magique qui y réside. Riez, rigolez et blaguez avec eux. Voyez par leurs yeux et dissipez les restes de désespoir en vous ; ils vous égayeront lorsque rien ne semblera aller. Ils emmèneront des groupes de jeunes et viendront faire la fête chez vous.

Les enfants apprécieront ces visites, car ils en tireront une meilleure compréhension de votre passage dans la réalité tridimensionnelle à la surface. Et cette compréhension fait partie de leur programme d'études ; ils ont déjà consenti à vous rencontrer dans le cadre de leur scolarité.

Notre amour pour vous va au-delà des mots. Une fois encore, bienvenue à la maison, amis bien-aimés.

CHAPITRE 18

Émissaires de la Lémurie,
éveillez vos souvenirs lointains

Hyrham, membre de la communauté scientifique de Telos

Salutations, amis bien-aimés. Vous tous qui parcourez ces lignes avez une connexion avec Telos. Ayant passé maintes vies en Lémurie, vous êtes aujourd'hui parmi les frères et sœurs qui vous entouraient à l'époque. Nous vous demandons de vous assembler aussi souvent que possible pour tenter de retracer ces souvenirs. Nous vous invitons à solliciter et à recueillir de l'information afin de ranimer les réminiscences de votre passé lointain. Nous vous demandons aussi d'orienter votre quête afin de retrouver vos connexions, passées et présentes, avec les autres et avec nous. Entrez en contact avec votre perception intérieure et parlez-nous dans votre cœur ; tendez ensuite l'oreille au tréfonds de votre être afin de capter la réponse. Chaque fois que vous vous ouvrez et que vous vous fiez à votre sentiment d'identité d'alors et actuel, vous favorisez votre ouverture à un nombre croissant de strates de votre Soi multidimensionnel. Chaque fois que grandit cette confiance, nous sommes en mesure de communiquer avec vous à des niveaux plus profonds et diversifiés. Des couches de la mémoire et de l'intelligence peuvent alors être explorées et partagées avec vous. Vous vous éveillez à votre Soi véritable et à votre identité divine, et au fil de cet éveil, les découvertes abonderont.

Vous êtes tous des émissaires de la Lémurie et d'une vibration qui perce des ouvertures sur terre jusqu'ici inconcevables. Vous êtes les délégués d'aspects de votre intégrité qui se sont développés au cours d'éons d'incarnations sur terre. Et le moment est venu, chers amis, d'unir tous ces aspects de votre être, en cette existence et en ce corps même. Plus vous vous ouvrez et accueillez l'ensemble de ces aspects de vous-mêmes, plus vous accédez à l'expérience et à la sagesse glanées au cours d'incarnations qui ont contribué à l'évolution de votre âme. Chaque fois que vous dégagez et transmuez des énergies bloquées qui vous empêchent de vous ouvrir à la totalité de votre être, vous goûtez à la félicité de l'âme et comprenez que cette Terre peut redevenir le paradis qu'elle était naguère.

Au fil de vos voyages, partagez cette vibration avec ceux que vous croisez sur votre route. Dans la rue, les gens qui vous sourient sont également vos frères et sœurs ; vous les connaissez. Au fil des vies partagées sur cette planète, il existe une unité que nous commençons à comprendre et à accepter de nouveau. Le mont Shasta est un cœur gigantesque qui émet l'amour en direction de tous les êtres et de toutes choses en ce monde. Il est littéralement l'incarnation physique du Dieu père/mère, des énergies sources. Notre montagne sacrée représente le cœur de la planète et l'amour que celle-ci éprouve à notre égard à tous. Peu importe où vous êtes, vous pouvez vous relier à elle, sentir cet amour et le laisser couler vers autrui. Si vous vous trouvez tout près, ses énergies vous stimuleront et vous emporterez ce lien dans vos incarnations ultérieures. Vous tous êtes revenus ici ce soir parce que vous l'aviez expérimenté lors d'existences antérieures. C'est ce lien qui a éveillé l'intention d'instaurer

Telos au sein de ses énergies à l'époque de la chute de la Lémurie. Nous vous incitons à passer du temps ici pour, par la suite, porter ces énergies physiquement au reste du monde.

Je suis Hyrham, scientifique télosien et membre d'une équipe de chercheurs participant à un programme d'une durée de trois à cinq ans qui vise à mesurer les énergies autour du mont Shasta. Nous évaluons en fait ce qui va rendre possibles des retrouvailles avec les êtres à l'extérieur de la montagne. Avec l'équipe, je surveille ces vibrations depuis 2001, et nous allons poursuivre ce travail dans un cercle croissant autour de la montagne. Le cercle s'étend actuellement jusqu'à une circonférence d'environ 10 km. Nous déterminons votre vibration individuelle et celle qui appartient globalement à la Terre. Nous scrutons aussi votre intention, celle de tous les êtres, afin de reconnaître et de passer de nouveau à la vibration de la Lémurie. Nous la surveillons, avec une certaine agitation, car nous avons aussi hâte que vous, sinon plus, d'atteindre un degré où il sera possible de nous retrouver. Notre perception de vos énergies diffère vaguement de ce que vous entendez des nôtres. Celle-ci est d'une plus vaste envergure. Nous pouvons voir vos corps éthériques et physiques, ainsi que vos corps de lumière et vos aspects multidimensionnels et futurs. Nous sommes capables d'apercevoir plusieurs fragments de votre personne que vous ne pouvez entrevoir en cette vie.

Les peuples de la Lémurie, qui surveillent les progrès de ce programme d'évaluation et en attendent les résultats, souhaitent que vous sachiez l'importance de votre intention et de votre identification aux multiples lignes temporelles, en ce qui concerne ce potentiel. Le travail accompli en vue d'identifier et de dissiper d'anciens traumatismes sur ces lignes temporelles s'est avéré d'une grande importance, car il crée une ouverture non seulement pour le mont Shasta et la planète, mais également pour vos Soi. Celle-ci vous permettra d'intégrer tous ces aspects de vous-mêmes et de les reconnaître, comme nous le faisons. Vous parviendrez en outre à repérer les aspects « futurs » de votre être, qui sont en fait présents ici et participent à l'instant.

Ce à quoi nous référons en termes d'« avenir » s'est en réalité déjà produit et ces aspects de votre Soi ont déjà joué leur rôle. L'objectif consiste donc à fusionner ces lignes temporelles sur le plan vibratoire afin de goûter la joie de la réunion qui a déjà été créée.

On vous invitera peut-être à des événements ou à des assemblées de gens qui s'intéressent à la Lémurie ou à d'autres thèmes métaphysiques. Lorsque des groupes, grands ou petits, s'assemblent sur terre, qu'il s'agisse de groupes formés à l'époque de la Lémurie ou de l'Atlantide, peu importe où, ils reconnaissent et revivent la vibration qu'ils partageaient ensemble dans cet espace-temps, même si ce n'est que pour un bref moment. Cette reconnaissance éclairera beaucoup de choses restées incomprises. Puis les groupes se retrouveront et s'harmoniseront pour approfondir encore leur compréhension. La sagesse nouvelle à laquelle ils accéderont conciliera leurs objectifs et leur collaboration ; voilà le type d'énergie bienveillante qui donnera naissance à la nouvelle Lémurie, la nouvelle Terre.

Autrefois, il y eut des époques de dissension dont nous avons tiré des leçons fort douloureuses. Nous avons, et vous aussi, vécu toutes les permutations de l'expérience humaine que nous enregistrons en termes de dualité, de séparation et de disharmonie. Le moment est venu de rappeler et de revivre la vibration d'harmonie, et d'acquérir une compréhension renouvelée des potentiels de l'énergie créative pure que cette forme d'intention synthétisée peut apporter. Le moment est venu pour la race humaine dans toutes les dimensions de se réinventer grâce aux énergies de l'amour inconditionnel et de l'harmonie ; il est temps d'explorer jusqu'à quel point cette vibration peut s'étendre sur terre.

Les citoyens de Telos vous assurent que votre voyage ressemble beaucoup à celui qu'ils avaient eux-mêmes entrepris en instaurant leur monde nouveau à l'intérieur de la Terre après l'anéantissement de la Lémurie. Le cataclysme nous a transformés exactement comme on l'exige de vous aujourd'hui. Les enfants de Telos espèrent, davantage même que leurs aînés, s'aventurer à l'extérieur de la montagne et connaître leurs frères et sœurs ; ils veulent faire l'expérience du monde dont ils ont tant entendu parler. Une fusion des énergies doit s'opérer, et quand cette ouverture surviendra, nous pénétrerons votre dimension sous une forme physique qui différera quelque peu de la vôtre. Elle sera douée d'une autre vibration. Afin de rendre la chose possible, nous rapprochons notre taux vibratoire du vôtre, mais vous devrez en faire autant.

Sous peu, nous fusionnerons l'ensemble de nos énergies en une dimension nouvelle. Toutes les énergies et les intentions se focalisent vers ce but, depuis l'au-delà, la surface et l'intérieur de cette planète. Nous vous demandons maintenant d'entretenir la même intention afin que ceci ait lieu. Quand vous reconnaissez quelque chose ou qu'un souvenir de votre identité d'autrefois, de ceux que nous étions et l'image de ceux que nous serons ensemble vous reviennent, vous signalez votre intention. Chaque fois que vous ouvrez votre cœur à la montagne, aux élémentaux, à ce que nous traçons pour vous dans l'azur, et aux vaisseaux qui vous rendent visite et vous transmettent leur amour par les nuages de forme lenticulaire, vous signalez aussi votre intention. Énoncez vos buts et les nôtres, puis faites simplement confiance !

La période d'évaluation atteindra un point culminant l'an prochain et des plans seront alors élaborés afin d'enclencher l'ouverture des dimensions pour que certains sortent et que d'autres parmi vous viennent à l'intérieur de la Terre. Au cours de 2003-2004, plusieurs portails s'entrebâilleront et ceux qui se meuvent facilement entre les dimensions pourront enfin venir. Ils apprêteront les canaux d'énergie pour ceux qui suivront plus tard. Nombre d'entre vous participent sur le plan énergétique aux activités de ces portails et possèdent des aspects multidimensionnels résidant actuellement à Telos ou en d'autres cités lémuriennes impliquées dans ces activités. Ouvrez-vous à ces énergies ; commencez à les incorporer en vous concentrant sur l'aspect de vous qui s'est incarné dans le monde externe. Tenez compte des messages que vous recevez, partagez-les avec autrui, car ceci tissera une énergie d'espoir et de confiance en vue de ce qui se prépare. La transformation planétaire s'effectue sur une large échelle, et au terme de cette période de sept ans* l'accès aux cités de la Terre intérieure sera aisé. Faites appel à nous. Posez des questions. Nous sommes ici pour vous guider.

❦

La cité qui est aujourd'hui à l'intérieur du mont Shasta n'est pas celle qui occupait la montagne avant la dernière éruption volcanique, dans les années 1700. À l'époque, il y eut une altération dimensionnelle. Le dynamisme de l'éruption a modifié des portails majeurs et d'autres points énergétiques qui

---

* À la fin de 2004 se termine un cycle de sept ans de tribulations. À partir de 2005, les énergies commenceront à s'équilibrer.

servaient alors à la communication et aux déplacements. Les énergies éthériques ne furent pas touchées, mais la transformation physique de la Terre, en ce qui a trait à ses besoins et à ses méridiens, exigea que les Télosiens reconstruisent et réorientent les divers passages d'énergie et les portails. Le noyau de Telos, situé loin à l'intérieur de la montagne, est protégé sur le plan dimensionnel, de sorte qu'il ne fut pas touché par l'éruption. Les structures éthérées qui y permettaient l'accès furent cependant très touchées. Certains portails furent scellés tandis que d'autres furent percés ailleurs. Quelques entrées exigèrent des réparations subtiles, mais elles sont toujours en fonction là où elles étaient alors. Nous ne prévoyons pas qu'une telle perturbation se reproduise. Toutefois, nous connaissons les énergies telluriques et comprenons que cette évacuation volcanique était indispensable à l'époque. Ayant été avertis de l'éruption, nous avons pu nous y préparer.

Notre rencontre

Vous vous demandez souvent ce que vous devez mettre en place pour qu'une rencontre ait lieu. Votre intention. Il faut savoir que ça arrivera et que vous devez plonger dans ces énergies entièrement afin de les vivre chaque jour et d'amener la vibration dans votre quotidien et dans la vie de ceux qui vous entourent. De plus en plus de bouleversements surviendront sur terre ; vous sentirez alors que la vibration que vous souhaitez préserver vous quitte, ou même que vous désirez vous éloigner de ces énergies afin de réagir autrement. Vous serez bientôt témoins de violence et de colère, d'événements tumultueux en votre monde. Mais en vérité, ces énergies n'ont pas à être maintenues consciemment, mentalement. Gardez plutôt celles qui résident dans la connaissance et l'amour du cœur.

Votre voyage ici sous forme physique, à une époque où la planète transite de la troisième à la cinquième dimension, exige que vous viviez pleinement en tant qu'êtres humains physiques et affectifs tout en portant un degré croissant de cette vibration dont nous, à Telos, représentons le modèle pour vous en incarnation humaine. Il s'agit d'apprendre à vivre consciemment dans cette vibration en tout temps, de faire de votre vie une méditation ambulante. Fixez votre intention, dites votre décision de reconnaître et de demeurer continuellement conscients de l'ensemble de votre être et de la vibration dans laquelle vous choisissez de vivre. Nous captons tous vos aspects dans la totalité de l'amour.

Si vous vous mettiez à simplement entendre ou à voir par nos oreilles et nos yeux, au travers du miroir que nous vous offrons, l'ensemble de votre être, vous auriez toujours un sanctuaire où vous réfugier dans les moments de désillusion, de confusion ou lorsque vous vous sentez dissociés. Servez-vous de nous comme d'un miroir jusqu'à ce que vous vous perceviez clairement et en toute confiance. Sachez que nous sommes en mesure de vous seconder au fil de ce voyage ; nous pouvons tenir la vibration pour vous et vous la rendre chaque fois que vous nous invoquez en exprimant votre intention.

Adama, Ahnahmar et plusieurs autres offrent des enseignements chaque soir à Telos. Demandez, avant de vous endormir et dans vos rêves, de venir ici pour y recevoir enseignements, guérisons et pour y retrouver vos souvenirs. Ces voyages vous sont accessibles par une simple requête formulée avec intention. Orientez aussi votre intention afin de vous souvenir, au retour à un état de conscience ordinaire, de vos diverses expériences ou des révélations que l'on vous aura faites.

Plus important encore, il vous faut consentir à faire l'expérience, à vous rappeler et à apprendre, sans jugement ni analyse critique. Lors de ces excursions dans notre cité, vous pénétrez une vibration supérieure si vous les accomplissez dans l'harmonie et la confiance. L'information que vous recherchez ne peut s'obtenir que par cette configuration énergétique. Une filière de communication doit s'ouvrir depuis nos cœurs jusqu'aux vôtres, et ceci ne peut s'effectuer qu'au sein de la confiance et d'un amour inconditionnel. Nous devons amener notre vibration à la rencontre de la vôtre, et nous n'y parviendrons qu'à partir d'un lieu de bienveillance et d'ouverture. Il ne vous est pas permis de conjecturer ou d'avoir des attentes quant à ce qui va survenir au cours de ces rencontres. Vous n'avez qu'à vous ouvrir comme conduit et à accepter en toute grâce ce que nous avons à vous offrir.

Libre à vous de vous adresser à l'un ou l'autre d'entre nous, n'importe quand. Posez simplement votre question et écoutez. La réponse pourrait vous parvenir sous forme de tonalité, d'une musique, d'une voix ou d'une prescience. Ne l'analysez pas. Laissez croître votre perception tout en la reconnaissant et en demeurant lucide. Laissez-la s'intensifier, jusqu'à ce que vos conversations avec nous deviennent aussi ordinaires que celles que vous entretenez avec vos frères et sœurs autour de vous. Consentez à le faire dès maintenant.

Les différentes méthodes de guérison

Il y aura des temples de rajeunissement et de guérison, ainsi qu'un renouvellement ou une amélioration des techniques employées jadis. Des temples et des lieux sacrés dans la région du mont Shasta seront réactivés et consacrés de nouveau à ces fins ; les énergies couleront encore une fois de la Terre elle-même et des élémentaux.

Les méthodes de guérison et de rajeunissement comporteront deux aspects. D'abord, par des rituels d'intention, on engagera pleinement l'énergie de l'individu dans le processus d'autoguérison. Puis on se servira d'outils utilisant la lumière et le son. Ces outils seront de nature cristalline, car la forme humaine retourne à sa matrice cristalline véritable. Certains auront l'apparence de casques que vous porterez, d'autres de capsules corporelles semblables aux sarcophages de l'Égypte ancienne. Ils seront composés d'une substance cristalline intensément prismatique.

Le son est le conducteur d'énergies de guérison et de renouveau. La lumière représente l'ensemble des diverses fréquences avec lesquelles nous pouvons résonner. Le son pénètre les couches dimensionnelles et porte la lumière, ou fréquence, requise pour la guérison au travers des différents corps physique, émotionnel, éthérique ou mental.

Le cristal est doué de la capacité subtile de transmettre à la fois le son et la lumière. Le guérisseur, et quelquefois l'individu qui est traité, travaillera avec le *toning* multidimensionnel, grâce à une combinaison de voix, d'instruments de musique comme les flûtes ou les bols de cristal et d'énergies angéliques ou élémentales. Ces tons seront par la suite transférés au travers d'un « amplificateur de son cristallin » qui raffinera les multi-tons en un son à strates multiples qui accédera simultanément au spectre entier du son ; ce sera un « son conscient ». Ce son conscient transformera l'espace environnant en un conduit pour les fréquences lumineuses thérapeutiques qui se manifesteront sous la forme de couleurs au-delà du spectre courant de la vision humaine. Ainsi, la guérison s'accomplira dans chaque corps simultanément.

Vous aurez également accès à des outils plus petits qui se porteront près du corps ou devront être gardés avec vous. D'autres encore serviront à la méditation quotidienne ou seront disposés partout dans la maison. Beaucoup d'entre vous se servent déjà de ce type d'outils. Ces appareils seront toutefois d'un usage plus raffiné que ceux que vous possédez. Certains seront créés à l'intention d'un individu au moment de son incarnation et resteront avec lui au cours de son existence entière. D'autres seront partagés par les membres d'une même famille afin de préserver l'harmonique d'un groupe familial.

La connaissance des cristaux et le rapport qu'on entretient avec ceux-ci et avec le spectre entier du son et de la lumière seront inculqués aux enfants dès la petite école. Les édifices, les résidences familiales et les temples seront fabriqués de matériaux cristallins bénis par les tons sacrés ; ils porteront en tout temps, dans leur structure même, une vibration curative.

Élever sa vibration

Chacun d'entre vous possède un guide désigné à Telos. Demandez à le rencontrer et à établir une communication suivie avec lui (ou elle). Utilisez ce guide comme diapason pour obtenir la vibration à laquelle vous tentez de vous harmoniser.

Chacun d'entre vous a également des responsabilités individuelles en ce qui a trait à sa purification. Vous êtes tous venus ici-bas pour épurer les énergies qui vous empêchent d'atteindre une vibration et un niveau de bonheur jusqu'ici inconnus en incarnation. Chaque fois que vous évacuez une énergie bloquée, chaque schéma affectif apaisé crée des ouvertures favorisant l'entrée d'énergies nouvelles et positives. De plus, la purification procure une libération à tous sur cette planète. Chacun de vous porte une parcelle différente de la conscience collective qu'il a accepté de purifier au nom de l'humanité et de la Terre. Il s'agit d'une tâche capitale ; le moment est venu d'en prendre connaissance et de reconnaître la confiance que nous vous témoignons. À l'heure actuelle, vous n'êtes pas à Telos, et il existe une raison à cela. Vous vous êtes tous portés volontaires pour venir ici-bas, en incarnation physique, afin d'aider à guérir la planète et à affranchir l'humanité de la conscience de souffrance et de séparation. Votre travail vous appelle ici, et la vibration que vous avez accepté d'apporter à cette sphère d'existence doit être vécue ici même.

Ceux qui vous suivent comptent sur vous pour dégager la voie. Chaque fois que vous évacuez de votre corps émotionnel du chagrin et des traumatismes vieux de plusieurs éons, vous purifiez par le fait même celui de Gaia. Nous tous de diverses dimensions sommes venus pour vous seconder tout au long de ce voyage, car nous savons le temps et l'énergie qu'il exige. Nous avons grand plaisir à vous inonder de notre amour pendant que vous accomplissez ce travail primordial.

Au cours d'un passé lointain, vous compreniez mieux notre mode d'existence au sein de cet univers. Vous saviez comment vous connecter au courant de la Source Dieu et de quelle manière opérer. Vous connaissiez les grilles énergétiques dans lesquelles nous opérions, ainsi que les matrices de l'organisme lui-même et des autres corps. Aujourd'hui, vous retrouvez ce savoir, et plus vous vous y ouvrez en l'incorporant à ce plan d'existence actuel, plus vous vous approchez de votre nature divine en ce temps et en ce lieu. C'est effectivement une époque d'éveil importante que nous célébrons avec vous.

Nous vous aimons avec toute l'intensité de notre être et nous vous transmettons l'amour en harmonie, en coopération, en rayons colorés, en sons et en chants. Merci de votre attention.

Mot de la fin

de Saint-Germain sur la mission télosienne

Salutations, mes amis bien-aimés

Je suis Saint-Germain, gardien de la Flamme violette et ardent défenseur de votre victoire. Ce fut la fréquence de cette flamme qui, jadis, déclencha le processus d'ascension de cette planète.

Je suis ici avec Adama, le Concile de Telos et une immense assemblée de notre famille lémurienne, ainsi qu'avec des êtres des royaumes de lumière. Le temps est venu pour vos frères et sœurs de Telos de recevoir les honneurs et la reconnaissance, car ils ont effectué une œuvre merveilleuse au profit de cette sphère d'existence. Avec quelques autres, ils ont réussi à maintenir le foyer de la flamme d'ascension pour la Terre au cours des derniers douze mille ans, tandis que les populations à la surface s'occupaient mutuellement à la guerre.

Si ce n'avait été de votre dévouée famille lémurienne sous le mont Shasta et dans d'autres cités du réseau Agartha, votre potentiel d'ascension à l'époque actuelle ne présenterait pas les mêmes possibilités formidables. Comprenez bien que les principes universels exigent qu'on rééquilibre ce qu'on reçoit en redonnant à la vie, en reconnaissance de la formidable quantité d'amour et de lumière accordée depuis la Source, afin de sustenter une planète et ses habitants. Cela étant, il est donc

213

exigé qu'une énergie lumineuse soit émise et reflétée au Créateur par la planète bénéficiaire et ses peuples. N'importe quel astre doit s'acquitter de cette dette pour voir son existence sauvegardée par la Source. Pendant des millénaires, les peuples de la surface rayonnèrent très peu de lumière vers le Dieu père/mère en échange de l'amour et de la lumière dont ils profitaient ; cela, afin d'assurer la continuité tridimensionnelle de la Terre et leur évolution en ce monde.

La flamme d'ascension et la Flamme violette, bien-aimés, présentent peut-être une fréquence différente, mais elles conduisent toutes deux à l'ascension, se complétant l'une l'autre parfaitement. Étroitement alliées, ce sont deux flammes de liberté par leur fréquence. Toute énergie qualifiée par l'humanité d'énergie inférieure à l'amour divin peut être transmuée par la Flamme violette.

D'une certaine manière, les humains qui optent pour l'ascension comme prochaine étape auront l'occasion de se présenter à leur Soi divin et à l'Office du Christ, dirigé par les maîtres Maitreya et Sananda. Les initiations requises seront alors présentées à chacun, au quotidien, afin de le préparer à l'événement sacré. Lors de votre ascension, votre conscience, votre être et votre univers seront entièrement baignés par les feux de l'ascension ; les énergies immobiles, pour leur part, vibrant à moins que de l'amour absolu, seront totalement consumées par cette flamme et, alors, seule la pure lumière demeurera. Voilà comment, mes amis, vous accueillerez un jour en votre réalité, en votre être immanent, votre droit de naissance éternel qui consiste à vivre en tant que purs êtres de lumière et d'amour, jouissant ainsi de la paix, de l'amour, de la félicité, de l'immortalité et de l'infinitude pour l'éternité.

Maintenant, si vous avez accumulé suffisamment d'amour et de lumière dans votre corps causal et au sein de vos corps subtils, ce processus vous transformera totalement en un maître ascensionné. Ceux qui ne se qualifieront pas devront cependant attendre plus longtemps ou s'incarner encore à une ou plusieurs reprises avant d'avoir à nouveau l'occasion de parcourir la voie de l'amour et d'atteindre le quota d'amour/lumière leur permettant de tenter une autre fois de se qualifier en vue du processus d'ascension.

Que va-t-il arriver à une âme qui n'a pas cumulé dans son corps causal l'amour/lumière requis pour franchir l'ascension ? Eh bien, mes amis, ce n'est pas quelque chose que nous ferons à la place de cette âme, si elle n'est pas prête à entreprendre ce processus, car cela entraînerait sa dissolution. Selon une simple équation mathématique, si tant d'obscurité régnait dans une âme – plus de ténèbres que de lumière – et si la flamme d'ascension consumait naturellement tout ce qui s'oppose à la lumière et à l'amour, alors il ne resterait plus rien de cette âme si on ne lui permettait pas d'abord de subir le processus d'imprégnation avant de recevoir les initiations.

La chance d'ascensionner n'a jamais été si accessible à tous. Les Lémuriens ayant perpétué une « vigile » en votre nom pendant très longtemps, ils ont pavé et nivelé la voie pour ceux qui souhaitent s'y engager.

Ce sont nos amis lémuriens, ces âmes inestimables, qui ont reflété la lumière vers Dieu au jour le jour et au nom de la race humaine depuis des millénaires. Voilà pourquoi le siège de la flamme d'ascension, le quartier général de l'ascension pour la planète se situe désormais à Telos. La grande pyramide de Gizeh a maintenu le foyer pour la flamme pendant très longtemps. Bien que ce lieu demeure un important centre d'ascension en Égypte, ce sont surtout les Télosiens qui sont responsables de ce projet herculéen, portant cette charge au nom de la planète. Naturellement, ils collaborent étroitement avec Serapis Bey, le Chohan de la flamme d'ascension, en une cocréation commune au service de l'humanité. Par contre, les Lémuriens étaient ceux dont le nombre suffisait à permettre que la flamme d'ascension continue à brûler brillamment au nom de l'humanité jusqu'à ce jour.

Dans les domaines ascensionnés, il y a des milliers d'années, plusieurs d'entre nous n'avaient pas encore ascensionné. Moi non plus, Saint-Germain, je n'y étais pas encore parvenu, mais les Lémuriens s'occupèrent de cette tâche, nous servant d'éclaireurs à tous. Dans les royaumes de lumière, nous nous inclinons devant eux, nos frères et sœurs aînés ; nous leur rendons un hommage sincère ce soir pour leur amour, leur courage et le formidable service qu'ils ont rendu à cette planète.

Moi-même ainsi que diverses confréries des royaumes de lumière souhaitons aussi rendre hommage à Adama et à son complément divin, Galatia, incarnée à la surface sous le nom d'Aurelia, pour leur service constant et prolongé à l'humanité et à cette Terre, à titre de « parents » originels de la race connus sous le nom d'Adam et Ève, vos personnages bibliques. Bien sûr, ces faits historiques ont été oubliés sur terre depuis fort longtemps et l'histoire que la plupart d'entre vous connaissent a peu à voir avec les véritables débuts de la prodigieuse aventure lémurienne. Peut-être celle-ci fera-t-elle l'objet d'une publication future portant sur l'histoire authentique d'Adam et Ève, un récit susceptible d'éveiller l'humanité d'une manière très différente de celle qui vous a été enseignée.

Adama et Galatia/Aurelia, nous vous aimons tant ! Au nom des êtres des royaumes de lumière, nous vous exprimons notre profonde gratitude pour les millions d'années de service à l'humanité.

Pour la plupart des gens sur votre sphère, la Lémurie, le grand continent de Mu, ce berceau des civilisations humaines, a été la patrie de leur propre évolution. Au cours de centaines de milliers d'années, vous avez évolué là-bas au milieu d'un éden heureux, jusqu'à ce que, comme collectif, vous choisissiez de vivre la séparation et le côté ombre de l'existence. C'est la raison pour laquelle la conscience de la Lémurie brille de toute sa splendeur et sa gloire à l'époque actuelle, car elle ouvre son cœur à tous, afin de vous ramener « à la maison », vers la contrée et l'amour qui vous tiennent tant à cœur et dont vous rêvez depuis si longtemps. Les énergies de la Lémurie et de son peuple, puisqu'il s'agit de votre ancienne famille, sont imprimées dans l'ADN même de vos cellules, dans votre mémoire cellulaire et dans tous les aspects de votre long cycle d'incarnations ici-bas. La Lémurie telle qu'elle existe aujourd'hui est l'héritage que vous recherchiez au fil de tant de vies.

Moi, Saint-Germain, je vous dis ceci : *Allez rechercher ses vibrations et découvrir le paradis perdu. Les clés de votre retour ont toujours résidé en votre cœur ; elles n'étaient jamais hors de votre portée. Réactivez ces trésors au sein du Soi, et votre famille lémurienne, qui attend votre retour, vous retrouvera à mi-chemin.*

Je suis Saint-Germain, toujours à vos côtés, et je vous aime tant ! Je lutte pour votre victoire, jusqu'au terme de votre ascension. Bien que mon centre d'intérêt principal soit ailleurs, je passe beaucoup de temps au mont Shasta, à Telos et à l'endroit que vous appelez la nouvelle Lémurie afin d'apporter mon appui à la mission pour l'ascension et le retour de cette planète et de la race humaine vers la « grâce divine ». Retrouvez-moi là. Bien que j'aie vécu plusieurs incarnations comme dirigeant en Atlantide, je demeure aussi lémurien.

Fondation Telos International
Mission

Cet organisme sans but lucratif vise à faire connaître et à diffuser l'information reçue de Telos, et à préparer l'émergence de notre famille lémurienne.

C. P. 1691, succursale Saint-Martin
Laval (Québec) H7V 3P9
Canada

Téléphone :   (514) 940-7746
Courriels :   info@fondationtelosintl.com
   fondation@lemurianconnection.com

Site Web :   www.fondationtelosintl.com

Pour plus d'informations à propos d'Aurelia Louise Jones

Aurelia Louise Jones
Mount Shasta Light Publishing (Publications en anglais seulement)
P.O. Box 1509
Mount Shasta, CA 96067 U.S.A.

Rendez-vous pour *channeling* privé :
Par téléphone : (530) 926-4599
Courriels :
aurelia@mslpublishing.com
aurelia@lemurianconnection.com

Sites Web :
www.lemurianconnection.com
www.mslpublishing.com

Aurelia Louise JONES et Jean-Claude GENEL

Révélations de la nouvelle Lémurie

Tournée européenne
Conférences en octobre 2003
Aurelia Louise JONES *(Telos)*
Jean-Claude GENEL *(Mutations)*
http://www.fondationtelosintl.com

Villes et contacts

- **4 octobre, Genève :** Association Reliance, Janny
  (0041) 22/7968687 (10 h /17 h) et suzy.m@bluewin.ch
- **5 octobre, Pont-à-Mousson :** Association Claire de Lune, Claudine
  0383 2401 33 (10 h /17 h) et ajff@infonie.fr
- **7 octobre, Charleroi :** Bernard Roussel,
  (00 32) 71 47 47 36 et bernard_roussel@hotmail.com
- **9 octobre, Grandville :** Librairie Le Souffle de lumière,
  02 33 90 67 02 et astral03@aol.com
- **10 octobre, Lorient :** Association Le Dauphin,
  02 97 64 14 30 et yves.pemptroit@wanadoo.fr
- **12 octobre, Lyon :** Association Espace 21,
  04 74 68 38 53 et JoBranche@aol.com
- **14 octobre, Grenoble :** Ass. l_Alouette,
  04 76 93 57 65 et ass.alouette@wanadoo.fr
- **15 octobre, Montpellier :** Steve
  04 67 72 55 91 et efoe@club-internet.fr
- **16 octobre, Toulouse :** Ani,
  0561 3316 27 et ANIA305@aol.com
- **18 octobre, Paris :** Librairie Les Cent Ciels,
  08 92 35 07 27 (puis, *7) et centciels@wanadoo.fr

Partenaire de l'événement :
le magazine Les 3 Mondes